HISTÓRIA DA
ÁFRICA

HISTÓRIA NA UNIVERSIDADE

GRÉCIA E ROMA *Pedro Paulo Funari*
ESTADOS UNIDOS *Vitor Izecksohn*
HISTÓRIA ANTIGA *Norberto Luiz Guarinello*
HISTÓRIA CONTEMPORÂNEA *Luís Edmundo Moraes*
HISTÓRIA CONTEMPORÂNEA 2 *Marcos Napolitano*
HISTÓRIA DA ÁFRICA *José Rivair Macedo*
HISTÓRIA DA AMÉRICA LATINA *Maria Ligia Prado* e *Gabriela Pellegrino*
HISTÓRIA DO BRASIL COLÔNIA *Laima Mesgravis*
HISTÓRIA DO BRASIL CONTEMPORÂNEO *Carlos Fico*
HISTÓRIA DO BRASIL IMPÉRIO *Miriam Dolhnikoff*
HISTÓRIA DO BRASIL REPÚBLICA *Marcos Napolitano*
HISTÓRIA MEDIEVAL *Marcelo Cândido da Silva*
HISTÓRIA MODERNA *Paulo Miceli*
PRÁTICAS DE PESQUISA EM HISTÓRIA *Tania Regina de Luca*

Conselho da Coleção
Marcos Napolitano
Maria Ligia Prado
Pedro Paulo Funari

Proibida a reprodução total ou parcial em qualquer mídia sem a autorização escrita da editora.
Os infratores estão sujeitos às penas da lei.

A Editora não é responsável pelo conteúdo deste livro.
O Autor conhece os fatos narrados, pelos quais é responsável, assim como se responsabiliza pelos juízos emitidos.

Consulte nosso catálogo completo e últimos lançamentos em **www.editoracontexto.com.br**.

José Rivair Macedo

HISTÓRIA DA ÁFRICA

Coleção
HISTÓRIA
NA UNIVERSIDADE

Copyright © 2013 do Autor

Todos os direitos desta edição reservados à
Editora Contexto (Editora Pinsky Ltda.)

Foto de capa
Escultura de terracota da civilização de Nok,
Nigéria, VI a.e.c. – VI e.c.

Montagem de capa e diagramação
Gustavo S. Vilas Boas

Preparação de textos
Lilian Aquino

Revisão
Ana Paula Luccisano

Dados Internacionais de Catalogação na Publicação (CIP)
(Câmara Brasileira do Livro, SP, Brasil)

Macedo, José Rivair
História da África / José Rivair Macedo. –
1.ed., 8ª reimpressão. – São Paulo : Contexto, 2022.

Bibliografia
ISBN 978-85-7244-799-7

1. África – História 2. África – História – Estudo e ensino
I. Título.

13-04285   CDD-960.7

Índices para catálogo sistemático:
1. África : História : Estudo e ensino   960.7
2. História da África : Estudo e ensino   960.7

2022

EDITORA CONTEXTO
Diretor editorial: *Jaime Pinsky*

Rua Dr. José Elias, 520 – Alto da Lapa
05083-030 – São Paulo – SP
PABX: (11) 3832 5838
contato@editoracontexto.com.br
www.editoracontexto.com.br

Sumário

Introdução 7

Pré-história africana 11
Os povos da Núbia e do Índico 23
O eixo transaariano 45
O mundo atlântico 69
O tráfico de escravos 99
A condição colonial 125
Descolonização e tempo presente 153

Sugestões gerais de leitura 181

Referências na web 185

Introdução

Desde 2003, a Lei federal nº 10.639 tornou obrigatório o ensino da história e cultura da África e dos afrodescendentes no ensino fundamental e médio. Não foi uma decisão unilateral imposta de cima para baixo, mas o atendimento de uma reivindicação encaminhada pelos movimentos sociais. O objetivo é romper com o silêncio que persiste nos currículos tradicionais e ampliar o espaço da África e dos africanos na memória coletiva do Brasil, que é considerado o país com maior população afrodescendente do mundo.

Uma das dificuldades enfrentadas desde então pelos professores, estudantes e interessados em geral é a pequena disponibilidade de materiais publicados sobre o continente africano. Há pou-

8 HISTÓRIA DA ÁFRICA

quíssimos mapas especializados, materiais audiovisuais e publicações que permitam uma abordagem do assunto. O objetivo principal deste livro é diminuir essa carência.

Aceitar a incumbência de escrever um manual universitário de História da África foi um grande desafio. Falar do assunto significa deixar de lado o terreno confortável e conhecido, mas parcial, de uma história construída a partir de referenciais europeus e se embrenhar no desconhecido para equacionar uma visão mais justa da história. Pois é disso que se trata. Para nós, brasileiros, a África mostra-se ambígua: tão próxima da sociedade e tão longe das consciências! Quando muito, sua lembrança evoca escravidão, máscaras e tambores, pobreza, fome, aids e todo tipo de violência em guerras tribais ou guerras civis. Um primeiro passo para a superação de estereótipos é o conhecimento objetivo da realidade africana através de sua história. Mas para se compreender essa História, é preciso ir além da informação dos fatos e recuperar os diferentes contextos e processos pelos quais seus povos atuaram ao longo dos tempos, como sujeitos detentores dos rumos de seu destino.

Esta obra fornece uma visão de conjunto da História africana, com ênfase na evolução das organizações políticas e sociais do continente. Essa perspectiva geral é necessária para uma aproximação de um universo tão rico e variado como aquele que se apresenta aos interessados em adentrar o universo africano.

Ela não está organizada numa perspectiva linear e cronológica, porque a evolução da África não ocorreu do mesmo modo em seus diferentes meios naturais, grupos sociais e manifestações culturais. Em vez disso, serão retratadas as experiências históricas da África Nilótica, Índica, Mediterrânica, Saariana e da África Atlântica, respeitando a diversidade de ambientes e culturas humanas, com suas particularidades, com suas respostas específicas aos imperativos da história.

Nos capítulos finais, relativos aos séculos XIX a XXI, as informações sobre todo o continente foram aglutinadas, porque somente a partir daí, em decorrência da inserção dos africanos no sistema colonial europeu, a África e os africanos passaram a ser identificados globalmente. Só então nasceram movimentos coletivos de organização política e de identificação sociocultural em torno de ideias como africanismo e africanidade. Seus povos foram igualados pela colonização estrangeira, e unidos pela luta anticolonial. Nesse sentido, a consciência africana foi criada na contemporaneidade.

Assim, de uma ponta a outra do livro, a ênfase recairá nas várias formas pelas quais as sociedades africanas produziram as condições materiais de sua existência, de acordo com as necessidades inerentes aos diferentes ambientes em que se desenvolveram, ou dos contatos que estabeleceram entre si e com outros povos.

Diferentes entre si quanto às línguas que falavam, as crenças que professavam ou as atividades que desenvolviam, os povos africanos viveram situações similares ao estabelecer contatos políticos, sociais, culturais e comerciais com povos orientais, europeus e americanos, de onde ricas e duradouras trocas com o islamismo e com o cristianismo. A história da África só pode ser compreendida a partir das configurações internas, intra-africanas, e de sua interação com o mundo extra-africano, que poderá restituir o papel fundamental do continente na história mundial.

Como ocorre com as demais obras da coleção da qual este livro faz parte, evitar-se-á inserir no texto as referências acadêmicas e as controvérsias historiográficas da africanologia, que não são poucas. O leitor que pretender ir adiante poderá consultar com proveito as orientações de leitura apresentadas ao fim de cada capítulo, em que constam obras obrigatórias para o aprofundamento dos assuntos respectivamente tratados.

Ao final do livro, encontram-se igualmente orientações sobre obras e autores que tratam do conjunto da história africana. A seleção das referências obedecerá ao critério da importância historiográfica das obras, de sua disponibilidade em língua portuguesa e de sua facilidade de acesso. Serão apresentadas também algumas indicações de sites e portais de consulta e pesquisa disponíveis na internet, e uma lista de filmes históricos realizados por cineastas africanos com temas que retratam desde aspectos das sociedades antigas até temas contemporâneos.

Com a obra espera-se poder contribuir para o avanço dos conhecimentos sobre a realidade africana, de modo a superar os rótulos e estereótipos que obscurecem nossa percepção dele e criar condições mínimas para uma visão menos fragmentada de sua história.

José Rivair Macedo

Pré-história africana

A África é a porção continental mais antiga do planeta, onde a superfície terrestre ganhou os contornos que mantém até o presente. É um continente com enorme extensão territorial, 30.343.511 km², que equivale a 22% da superfície da Terra.

Cercado por grandes volumes de água dos oceanos Índico e Atlântico, dos mares Vermelho e Mediterrâneo, em sua superfície estão as mais impressionantes reservas naturais, com enorme variação ambiental e humana.

A formação geológica da superfície africana remonta provavelmente ao período situado entre 3,6 bilhões e 300 milhões de anos, quando se consolidaram e se formaram a cordilheira do Cabo Fold Belt, na África do Sul, e os Montes Atlas, no Marrocos, na extremidade norte do continente.

12 HISTÓRIA DA ÁFRICA

A extrema longevidade na evolução planetária explica um aspecto particular do ambiente natural do continente africano que teve e continua a ter consequências importantes para as populações que o habitam. A antiguidade de sua formação geológica produziu diversas massas rochosas conhecidas como cratões, que ocupam mais da metade de sua superfície, e abrigam formações minerais riquíssimas e antiquíssimas.

A região do Kaapvaal, formada há 2,8 bilhões de anos e situada na África do Sul, contém reservatórios minerais inesgotáveis de ouro e diamantes, sobretudo na área conhecida como Bushveld Igneous Complex. Ali também abundam a platina e outros metais raros, como o rutênio, ródio, irídio, níquel, cobre e cobalto. Em menor proporção, tais minérios, e tantos outros, podem ser encontrados de um canto a outro do continente, que abriga ainda inúmeras jazidas de petróleo. Eis por que ao longo de tantos séculos a natureza africana chamou a atenção de negociantes e depois de empresas transnacionais.

A diversidade de ambientes impõe dificuldades às populações africanas e aos exploradores de outros continentes. Aos imponentes desertos do Saara ao Norte, e Kalahari ao Sul, se sucedem amplas áreas de vegetação densa, nas florestas tropical e equatorial, e de vegetação mediana das savanas, bacias hidrográficas de rios caudalosos, como o Nilo, o Níger, o Cuanza e o Zambeze.

Foi nesse imenso território que teve origem o lento processo de evolução da espécie humana, há cerca de 4,5 milhões de anos.

HOMINIZAÇÃO

Por que a África, e não outro lugar, foi o cenário da evolução humana? A resposta está ligada a sua geomorfologia, isto é, às características da composição de sua superfície.

A plataforma continental africana foi a primeira a se desprender da superfície original do planeta, em sua fase de formação geológica, quando as forças tectônicas fizeram deslizar para o Sul a Antártida. Foi menos afetada em sua estrutura geomorfológica no momento a partir do qual as

PRÉ-HISTÓRIA AFRICANA **13**

grandes porções continentais que viriam a dar origem a América e Eurásia se desprenderam do supercontinente primordial a que se deu o nome de Pangeia. Devido à sua antiquíssima formação, foi ali que se desenvolveram as primeiras formas de vida.

Pela África passaram as mais variadas formas de reptilianos, como os *brachiosauros* e os *massopondylus*, no tempo dos dinossauros, por volta de 150 milhões de anos, e os primeiros animais mamíferos, há cerca de 70 milhões de anos. Entre os mamíferos estavam os prossímios, e depois os primatas, que integram a vasta "família" de onde sairiam os macacos atuais e os hominídeos, os antepassados mais remotos da espécie humana.

Por hominização, denomina-se o longo processo de transformação que levou ao aparecimento dos seres humanos. Seu estudo é realizado por paleontólogos, que são especialistas na pesquisa e análise de vestígios fossilizados, por especialistas em biologia molecular, geneticistas, arqueólogos, entre outros profissionais.

Os primatas eram similares aos símios, e viveram há 12 milhões de anos. Não se destacavam da natureza, eram provavelmente vegetarianos e andavam em quatro patas. Evoluíram, entretanto, para uma espécie que constitui o primeiro elo no longuíssimo processo que levou à espécie humana, cuja existência remonta provavelmente a 4,5 milhões de anos.

O mais antigo vestígio de atividade dos antepassados indiretos do ser humano – que constitui a mais antiga e incontroversa prova da existência da humanidade – foi encontrado por uma equipe de pesquisadores em 1978 e deu origem ao sítio arqueológico situado no Planalto de Laetoli, no território da atual República da Tanzânia. São passos de um grupo de seres bípedes que se deslocavam de forma ereta. É provável que os sedimentos de uma erupção vulcânica tenham sido os responsáveis pela preservação das marcas daquele pequeno grupo de seres, designados pelos arqueólogos de australopitecos. As pegadas datam de cerca de 3,7 milhões de anos.

Os primeiros fósseis do *Australopithecus africanus* foram descobertos pelo cientista Raymond Dart em 1924, na África do Sul, mas coube a Yvens Coppens a descoberta do fóssil mais completo de que se tem notícia, em Afar, na Etiópia, de onde a atribuição do nome de *Australopithecus afarensis*, ou, como ficou mais conhecido popularmente, Lucy.

Lucy teria vivido há cerca de 3 milhões de anos. Além da extrema antiguidade, seu fóssil corresponde a 40% do esqueleto, o que permitiu que o corpo fosse reconstituído integralmente. Foram encontrados nove vértebras e algumas costelas, metade da bacia, o braço direito quase completo, parte das pernas e do braço esquerdo, alguns ossos dos pés e das mãos, a mandíbula com os respectivos dentes e pequenos fragmentos do crânio.

Os restos de Lucy desenham uma silhueta muito frágil. Pelas proporções dos ossos, devia medir pouco mais de um metro. Sabe-se que era do sexo feminino e que tinha aproximadamente 20 anos, como testemunham os seus dentes do siso, já nascidos, mas ainda não gastos.

Pelo tamanho minúsculo de sua caixa craniana, pode-se supor que não se distinguisse de outros animais irracionais. É muito provável, contudo, que, diferentemente dos demais, Lucy não fosse quadrúpede. Os australopitecos adquiriram a capacidade de se locomover usando apenas as patas traseiras, tornando-se bípedes. Um passo muito importante na escala evolutiva da humanidade, pois a pata dianteira, livre, ganhou outra função, a de manipular objetos. Transformou-se na mão humana.

A África foi também o berço do *Homo habilis*, que teria vivido por volta de 1,5 milhão de anos. Além do bipedismo, como o próprio nome indica, este dispunha de algumas "habilidades" físicas, sobretudo a possibilidade de manipular artefatos e atuar sobre o meio natural. O aumento gradativo do tamanho do cérebro permitiu a transformação dos hominídeos em seres com condições de fabricar artefatos e instrumentos artificiais, e que interagissem de modo mais frequente com a natureza, distinguindo-se aos poucos dela.

O *Homo habilis* valia-se de fragmentos de osso ou lascas de pedra para abater outros animais, agindo como predador, como caçador. Desenvolvia as atividades em grupo, de forma gregária. Com o desenvolvimento posterior da linguagem verbal, passou a ser possível transmitir aos demais os conhecimentos adquiridos. Criavam-se as primeiras bases de uma tradição social.

A conquista e a domesticação do fogo assinalam um passo importantíssimo na trajetória para a humanidade. A posse e o controle do fogo permitiram o aquecimento do corpo contra o frio e a proteção noturna contra animais perigosos.

Foram precisos milhares e milhares de anos para que esse fogo domesticado fosse utilizado para assar a carne dos animais. Estabelecia-se, assim, uma distinção ainda mais acentuada entre os alimentos naturais, crus, e os alimentos produzidos, assados, mais moles e fáceis de serem digeridos. Ao mesmo tempo, ampliava-se a distância entre a natureza animal e a cultura, que apenas os seres humanos são capazes de criar e reproduzir.

Assim, desde o mais remoto ancestral do gênero *Homo*, toda a aventura humana se confunde com a África. Apenas ali se pode acompanhar o processo completo de transformação dos primatas em homens.

MIGRAÇÕES

O período Paleolítico, antigamente conhecido como Idade da Pedra Lascada, situa-se entre cerca de 2,4 milhões e 12 mil anos. Nesse longuíssimo tempo, as culturas humanas desenvolveram suas primeiras tecnologias e suas primeiras instituições sociais. Em praticamente todo ele, a África foi um espaço privilegiado e único para a circulação de grupos humanos de caçadores e coletores que se valiam de artefatos líticos, isto é, feitos de pedra.

Provavelmente por volta de 1 milhão a.e.c. dali partiram as primeiras ondas migratórias para outras partes do planeta. As hordas de *africanthropus* ou *atlanthropus,* que, como consequência de um agravamento do clima africano ou de uma melhoria das condições naturais na Ásia e na Europa, passaram para essas terras levavam consigo saberes, técnicas e equipamentos líticos, originados na África.

Teria sido por isso que, após descobertas arqueológicas realizadas em Grimaldi, perto do principado de Mônaco, foi possível verificar que os esqueletos do mais remoto antepassado pré-histórico dos europeus, conhecido como homem de Cro-Magnon, apresentavam traços negroides? Outros esqueletos pré-históricos, encontrados na Ilíria, Piemonte, Suíça,

16 HISTÓRIA DA ÁFRICA

Balcãs, Indochina, China, Malásia, revelam do mesmo modo características negroides. Mas foi em Asselar, no Vale fóssil do Tilemsi (Mali), que se deu a descoberta do tipo do *Homo sapiens* que mais se aproximava do tipo negro-africano atual.

Com a expansão demográfica, a diversificação das condições climáticas e a extensão do povoamento em outros locais fora do continente africano, ocorreu uma lenta diferenciação graças a sucessivos cruzamentos, com a fixação de caracteres especiais difíceis de distinguir nos restos fósseis disponíveis ao estudo dos especialistas.

É provável que a longa permanência nas zonas frias possa ter contribuído para tornar mais clara a cor da pele, afinar o nariz e aumentar a pilosidade e a adiposidade, a fim de que os caçadores e coletores emigrados da África resistissem aos rigores das baixas temperaturas do território europeu. Por outro lado, a adaptação ao sol intenso e ao clima úmido das zonas tropicais e equatoriais acentuou a pigmentação escura, o alargamento das narinas e a adaptação das glândulas sudoríparas dos africanos atuais.

Na África e fora dela, as dinâmicas sociais intensificavam as adaptações, soluções e particularidades culturais dos povos que, lentamente, seguiam seus próprios rumos. Foi no território da China que viveu o *Sinanthropus*, ou Homem de Pequim, entre 800 mil a 250 mil anos; na Indonésia que viveu o *Pitecanthropus erectus* e o *Javanthropus*, ou Homem de Java, entre 500 mil a 250 mil anos; na Europa que viveu o *Homo neanderthalensis*, ou Homem de Neandertal, por volta de 200 mil anos.

O período Mesolítico, entre 15 mil a 12 mil anos antes de nossa era, apresenta notáveis avanços nas técnicas de fabricação de artefatos e utensílios de pedra trabalhada, os chamados micrólitos. Estes são pequenas lâminas ou segmentos de lâminas e lascas, muitas vezes de forma geométrica, altamente cortantes, utilizadas em cabos de lança e em machados, foices, serras, enxós. Os micrólitos eram usados pelos grupos de caçadores que circulavam pelas florestas situadas nos territórios atuais da Zâmbia, Namíbia e Angola.

Outra inovação importante foi a adoção do arco e flecha como arma de caça, ao lado da lança, praticamente a única arma utilizada até então. Isso ocorreu tanto na África quanto na Ásia e na Europa.

PRÉ-HISTÓRIA AFRICANA **17**

Arco e flecha é um mecanismo complexo imaginado pelo homem, e não mais uma simples adaptação dos recursos disponibilizados pela natureza. Com essa arma, a energia humana empregada para lançar a flecha passou a ser acumulada na madeira dobrada do arco, podendo ser concentrada num ponto e lançada de uma só vez, aumentando o alcance do projétil e a exatidão de sua pontaria. Portanto, da junção de dois elementos da natureza (a corda ou fio de couro e a madeira), era fabricado um terceiro elemento muito mais preciso e eficaz.

A invenção do arco assinala pela primeira vez a capacidade da fabricação artificial de um engenho, com o qual os seres humanos podiam economizar forças e ganhar maior precisão, superando suas capacidades naturais. Era uma entre as invenções e descobertas engenhosas que permitiriam aos grupos humanos explorar ao máximo as capacidades fornecidas pela natureza.

Pode-se, assim, concluir que a África representa mais do que o berço do nascimento da humanidade. Em seu espaço, a humanidade ganhou traços peculiares, através da cultura e de sua transmissão. Foram os hominídeos e os primeiros homens africanos que, pelas descobertas, tentativas e erros, acumularam a experiência ancestral transmitida a todos os seres humanos.

AGRICULTURA, PECUÁRIA E METALURGIA

Em data muito mais recente na história da evolução da humanidade, também a África foi palco de notáveis descobertas, experiências e inovações técnicas.

No período da Pré-história denominado Neolítico, situado entre 12 mil e 5 mil anos, as comunidades humanas que conseguiram resistir às rigorosas variações climáticas da última grande glaciação, conhecida como Era do Gelo, tiveram que encontrar soluções novas para a vida num ambiente que oferecia pouca alternativa de subsistência. Data do período Neolítico a fabricação de artefatos em pedra polida. Mas a alteração essencial deve-se à gradual adoção, ao lado da caça e da coleta, de uma economia baseada na agricultura e na pecuária.

Para melhor entender a dimensão da mudança, convém considerar que, numa economia baseada na caça e na coleta, os caçadores, pescadores e coletores limitam-se a procurar reservas naturais de consumo, seja a carne, o peixe, as castanhas e outros frutos comestíveis. Dependentes dos recursos da natureza e organizados em pequenos grupos, os indivíduos tendiam a ser essencialmente nômades. Sua capacidade de organização social, por sua vez, estrutura-se num sistema simples de divisão de tarefas.

Com a adoção da agricultura e da pecuária, a natureza passa a ser transformada, com o cultivo de determinados alimentos e a criação contínua de certos animais que poderiam servir de fonte de alimento, de energia e de transporte. Os grupos tendem a se fixar em determinados territórios, a viver em aldeias, segundo uma estrutura social bem mais ampla e complexa, e com o aparecimento de grupos não vinculados diretamente ao trabalho, entre os quais os guerreiros e os sacerdotes.

Tais inovações técnicas, econômicas e sociais abririam caminho para as transformações subsequentes, ligadas à descoberta da fabricação da cerâmica e da metalurgia. Precederam e anteciparam o aparecimento das civilizações, já nos domínios da História.

É claro que tais mudanças não ocorreram em todo o continente africano. Não porque seus antigos habitantes fossem indolentes, pouco inventivos ou incapazes, mas porque determinados ambientes naturais eram inóspitos e de difícil adaptação às culturas sedentárias.

A extensa faixa da floresta tropical e equatorial, por sua excessiva densidade, umidade e por causa das altas temperaturas, era de difícil exploração, o que impossibilitou o efetivo povoamento até data muito recente. O clima quente e úmido estimula a difusão de doenças fatais, como a malária, transmitida pelos mosquitos, e a bilharzíase ou cistossomíase, transmitida por uma modalidade de caracol aquático.

Nada se compara, todavia, à doença do sono, transmitida pela mosca tsé-tsé aos homens e ao gado. A presença desse inseto praticamente inviabiliza o desenvolvimento da pecuária em quase toda a África Central. Por certo, entre outras particularidades, a África distingue-se pela variedade, complexidade e pelas condições extremas de seus ambientes naturais.

Outro exemplo de como as populações pré-históricas africanas tiveram que se adaptar a mudanças bruscas nas condições ecológicas de determinados ambientes naturais pode ser observado através da história da desertificação do atual deserto do Saara.

A história da desertificação do Saara tem início há 14 mil anos, quando, devido a uma lenta e gradual inversão climática, a vegetação original foi sendo reduzida em virtude da seca e calor prolongados. O processo de desertificação continuou ao longo dos milênios, tornando-se visível a partir de cerca de 4 mil a.e.c., e se completando ao fim do primeiro milênio antes de nossa era.

Uma das últimas adaptações associadas ao fenômeno da desertificação do Saara foi a introdução do camelo, animal mais bem aparelhado pela natureza para resistir ao deserto. Os camelos africanos têm sua origem na Pérsia e entraram no continente através do Egito, provavelmente a partir do século IV a.e.c.

Então, onde hoje existem oásis, dunas e um colossal mar de areia, houve lagos, vegetação rica e vida animal diversificada. Nas admiráveis inscrições rupestres das cavernas de Tassili n'Ajer, ao sul da Argélia, nas de Tradert-Acacus, ao sul da Líbia, e nas do norte do Chade, todas em ambiente desértico, podem-se ver elefantes, hipopótamos e crocodilos, cenas de caça e pesca, habitações, distrações e a ilustração de crenças religiosas, o que faz delas um dos maiores e mais belos museus pré-históricos do mundo. Isso porque um dia, naquele local, tais animais e tais atividades estiveram integrados a uma paisagem natural bem diferente.

Entre 12.000 e 8.000 a.e.c., a superfície do que depois viria a ser o Saara era povoada por comunidades neolíticas que se estendiam até os vales do rio Níger e do Nilo. Nos sítios arqueológicos desses locais foram encontrados artefatos de pedra polida, indícios de criação de animais bovinos, equinos e caprinos, e de cultivo agrícola.

Ao que tudo indica, a invenção da cerâmica ocorreu aproximadamente em 9.300 a.e.c. no Saara central, em 8.350 a.e.c. no vale do Nilo e em 8.200 a.e.c. na África Oriental. Tudo leva a crer que por volta de 7.000 a.e.c. já se plantasse o sorgo e um tipo de milho cuja denominação científica é *pennisetum*.

A metalurgia do cobre já era conhecida em 3.300 a.e.c. onde posteriormente floresceu a cidade de Takada, ao sul da Tunísia. Todavia, os artefatos de metal se difundiram no decurso do primeiro milênio a.e.c. através das comunidades do Níger e do Nilo, sendo identificados desde o Egito, Meroé e Cartago por volta do século VI a.e.c., e na Nigéria no século IV a.e.c. A fabricação do ferro remonta ao quarto e terceiro milênio, e a descoberta de antigos fornos comprovam a existência da produção do ferro em data muito recuada.

Tais domínios técnicos explicam o florescimento das primeiras civilizações africanas. Evidências materiais nesse sentido foram encontradas em escavações arqueológicas no ano de 1942 feitas no Planalto de Jos, na atual República da Nigéria. As cabeças e bustos em terracota revelam estilo sofisticado e domínio técnico excepcional, antecipando em vários séculos o brilhantismo da estatuária iorubá de Ifé e do Benin nos séculos XIII e XVI-XVII.

Essas criações da civilização de Nok são os testemunhos mais recuados da autonomia e originalidade das civilizações da África negra, que, como se vê, são o resultado de um legado milenar das comunidades neolíticas.

Muito antes, no decorrer do quarto milênio a.e.c., devido ao processo de desertificação do Saara, o empobrecimento da vegetação forçou grupos humanos e animais a procurar subsistência em locais que oferecessem melhores condições de subsistência.

Por volta de 3.500, a região de Tichitt-Walata atraía comunidades neolíticas devido às suas fontes de água. Foi também então que o Nilo ganhou o prodigioso valor econômico que conserva até hoje, atraindo as populações que dariam origem ao Egito, a mais antiga e a mais importante civilização africana.

Nos capítulos seguintes, serão mostrados o alvorecer e os desdobramentos históricos das grandes civilizações africanas.

SUGESTÕES DE LEITURA

Hugot, H. J. *L'Afrique pré-historique*. Paris: Hatier, 1970.
   Obra em francês destinada aos estudantes universitários interessados pela Pré-história. Pretende ser um guia geral que retrata esquematicamente as grandes linhas das diversas culturas pré-históricas, com a localização e o estudo das principais indústrias líticas, dividindo-as em áreas geográficas e determinando seus principais traços e particularidades.

Coppens, Yves. *O macaco, a África e o homem*. Lisboa: Gradiva, 1985.
   Escrito em linguagem clara, fluente, para leitores não especializados, o livro do renomado pesquisador francês relata a história do lento processo de hominização com base em evidências zoológicas, biológicas e antropológicas estabelecidas pela Paleontologia entre os anos 1960-1980.

Rebeyrol, Yvonne. *Lucy*: crónicas da Pré-história. Mem Martins: Publicações Europa-América, 1992.
   Relato agradável, em linguagem coloquial, das principais descobertas da Pré-história africana, o contexto em que elas aconteceram, a repercussão que tiveram e o seu significado para o desenvolvimento da ciência e de um conhecimento mais aprofundado da evolução humana.

Bocou, Hamady. *Élements d'archéologie ouest-africaine*. France: Éditions Sépia, 2002, v. 5 – Sénégal.
   Obra dedicada ao exame das evidências arqueológicas encontradas no território da África Ocidental por equipes de arqueólogos locais, especialmente na área correspondente ao atual Senegal, durante a Pré-história e a Antiguidade.

Erverdosa, Carlos. *Arqueologia angolana*. Luanda: Ministério da Educação da República Popular de Angola, 1980.
   Manual de Arqueologia e Pré-história aplicado à região da África Central e do sudoeste africano, com ênfase na análise de materiais líticos produzidos pelas culturas antigas dos povos de Angola.

Coulibaly, Elisée. *Savoirs et savoir-faire des anciens métalurgistes d'Áfrique occidentale. Procédés et techniques de la sidérurgie directe dans le Bwamu (Burkina Faso et Mali)*. Paris: Karthala, 2006.
   Livro dedicado ao estudo da paleossiderurgia africana. Resgata as origens da metalurgia na África Ocidental e, com base nos costumes dos ferreiros do Mali e de Burkina Faso, examina as técnicas de transformação do ferro e os rituais tradicionais associados a elas, bem como as condições de transmissão desse conhecimento.

Os povos da Núbia e do Índico

No Brasil, costuma-se falar da África como se se tratasse de um espaço homogêneo e compacto, mas isso é um grande engano. A parte do continente em referência em geral é a ocidental, banhada pelo oceano Atlântico. Mas ao Norte, seus territórios litorâneos banhados pelo mar Mediterrâneo ofereceram possibilidades de contato diferentes aos povos que habitaram o Magreb e o Egito. E em sua porção oriental, a proximidade do mar Vermelho e do oceano Índico ofereceu condições próprias de vida aos grupos humanos que ali se instalaram.

Neste capítulo, o foco de análise dirá respeito apenas aos povos que habitaram essas últimas regiões, porque, embora diferentes entre si, vistos em conjunto eles vivenciaram

24 HISTÓRIA DA ÁFRICA

experiências similares. Nos próximos capítulos, serão enfocados os demais povos litorâneos e aqueles que ocuparam os desertos e as florestas do interior.

A CIVILIZAÇÃO EGÍPCIA E MEROÍTICA

Desde o nordeste, na região do Delta (onde deságua) até o Lago Vitória, próximo da linha do Equador (onde nasce), o extenso território continental é irrigado pelos 7 mil km das águas do maior rio do mundo: o Nilo. Ele oferece as condições de vida para inúmeras espécies de animais e vegetais, e às suas margens formaram-se as primeiras comunidades sedentárias organizadas.

A mais antiga dessas comunidades, descoberta pelos arqueólogos em 1960 em Wadi Kubbanniya, data de 15 mil anos. Entre os vestígios encontrados, foram identificados 25 tipos de sementes e frutos comestíveis, tubérculos e pedras empregadas para moer grãos, além de animais domesticados, entre os quais bovinos e carneiros. É a prova mais antiga da ocupação humana no vale do Nilo, onde floresceria uma das mais antigas e mais sofisticadas civilizações: o Egito.

Por volta de 3.200 a.e.c., toda a região do vale do Nilo, que abrigava inúmeras comunidades aldeãs sedentárias, foi unificada e controlada por um Estado de caráter teocrático, isto é, religioso, centralizado na figura dos faraós.

Vistos como seres divinos ou divinizados, os faraós eram considerados a personificação viva de Rá, o deus-sol, e a réplica de Osíris, o senhor da terra dos mortos. Apoiado numa elite governante constituída por aliados e dependentes pessoais, de onde provinham escribas, sacerdotes e chefes militares, o poder faraônico se prolongou ao longo dos milênios, através de sucessivas dinastias.

Os principais testemunhos arquitetônicos da grandeza egípcia, fossem túmulos, palácios ou templos, reproduzem visualmente o poder sagrado atribuído aos governantes. As gigantescas pirâmides e obeliscos, os santuários edificados em pedra e as estátuas colossais de entidades divinas e faraós, as belíssimas pinturas e os relevos nas paredes dos edifícios atestam o alto grau de desenvolvimento das técnicas arquitetônicas entre os egípcios. Mas criações menos extravagantes, entre as quais os conhecimentos astronômicos, matemáticos, médicos e as invenções simples, como o *shaduf* (um balde empregado para recolher água contrabalançado por um peso) e a *sagia* (uma roda hidráulica movida por animais), foram instrumentos essenciais para o aproveitamento das águas do Nilo na irrigação dos campos.

Ao longo de seu extenso canal, o Nilo funciona como um corredor, através do qual os diferentes povos que habitaram as suas margens se relacionaram. Das florestas e savanas situadas em sua nascente, ele se projeta para o norte, recortado por várias cataratas, e atravessa todo o território onde habitavam os povos negros da Núbia, que, em contato com o Egito, dariam origem à mais antiga civilização negra da África, Meroé.

A presença núbia era constante ao longo dos milênios da história do Império Egípcio e é atestada nas pinturas das paredes das pirâmides, nas ilustrações dos papiros e na rica estatuária. Como é possível verificar pela belíssima peça que se conserva no Museu do Cairo, onde se pode ver uma fileira de arqueiros negros da Núbia; ou pela conhecida estatueta de um fabricante de cerveja, de autoria anônima, que se encontra preservada no Museu de Hildesheim, na Alemanha.

Os habitantes de Núbia constituíam uma ameaça para a estabilidade do poder faraônico. Os faraós relacionaram-se, às vezes, de modo pacífico, outras pela guerra com os povos núbios que habitavam os territórios de Yam, Kerma e Kush, abaixo da primeira catarata do Nilo, até que, por volta de 1530 a.e.c., foram dominados.

Da Núbia provinha uma série de produtos apreciados em Mênfis ou Tebas, como peles de animais e temperos, mas sobretudo minerais preciosos e cativos que seriam empregados como escravos em serviços domésticos e nos templos. O próprio termo "Núbia" deriva de *noub*, que significava "ouro".

A hegemonia dos egípcios sobre a região tendeu a diminuir ao longo do primeiro milênio, quando alguns chefes núbios chegaram mesmo a inverter a situação, impondo-se no governo de todo o Egito. Em 751, o líder

26 HISTÓRIA DA ÁFRICA

guerreiro proveniente de Kush, chamado Piankhy, tomou o palácio real em Tebas, inaugurando a 25ª Dinastia de faraós, que governou o Império até 664 a.e.c., resistindo aos ataques dos assírios.

Após essa data, os núbios retornaram para o sul, abaixo da primeira catarata do Nilo, instalando a sede de governo inicialmente na cidade de Napata (até cerca de 500 a.e.c.) e depois na cidade de Meroé (entre 500 a.e.c e 350 e.c.). Tratava-se, nesses casos, de organizações políticas tipicamente negras que traziam consigo a matriz civilizacional egípcia.

Do esplendor e prosperidade da civilização de Meroé restaram diversos monumentos, entre os quais pirâmides de pequena proporção, templos em homenagens aos deuses, túmulos e sarcófagos de granito com peso de cerca de 25 toneladas cada um. O acesso ao templo dedicado a Amon era feito por uma extensa avenida delimitada por grandes estátuas de carneiros feitas de pedra. Havia também o Templo do Sol e o Templo de Naga, em cujas paredes preservam-se ainda em alto-relevo as imagens de divindades cultuadas no Egito e transmitidas aos povos negros da Núbia através do legado de Meroé.

Por muito tempo se repetiu o erro dos escritores romanos que confundiram o título das governantas de Meroé com seu nome próprio, chamando-as de Cândace ou Candácia. Para eles, Candácia era uma rainha. Sabe-se, entretanto, que o referido termo é uma leitura distorcida da palavra *kdke*, empregada para designar o título de todas as esposas dos governantes meroíticos. Governavam com eles, ou sozinhas, desempenhando o papel de – na ausência de melhor expressão –, rainhas-mães ou de sacerdotisas.

Um dos traços distintivos e originais das sociedades africanas antigas foi o papel diferencial das mulheres. A explicação para isso não é de natureza moral, mas sociológica: durante muito tempo prevaleceu na África formas de organização social de tipo matrilinear, em que a sucessão se fazia pela linha familiar materna. Mesmo que não se possa provar com isso que o estatuto feminino fosse melhor ou pior do que o estatuto masculino, o fato é que o papel reservado às mulheres era muito amplo tanto na vida econômica quanto na vida religiosa e mesmo nas formas de governo.

OS POVOS DA NÚBIA E DO ÍNDICO 27

Convém sublinhar que noutras sociedades africanas tradicionais em que vigoravam relações matrilineares, as mulheres desfrutaram de boa posição social. Entre os berberes e tuaregues que habitavam o deserto do Saara, elas tinham grande liberdade nas relações matrimoniais, e algumas ocupavam posição de mando. No antigo Mali, havia um duplo governo, pois a esposa do governante dispunha de um poder paralelo a ele. Em certas comunidades, como a do Segou, mesmo quando o poder era controlado por homens, havia dois reis, e um deles personificava o feminino. Esse traço distintivo começou a mudar com a lenta adoção do cristianismo ou do islamismo, cujos valores culturais reproduzem traços de uma organização social de tipo patrilinear.

Entre tantas personagens femininas de relevo, merecem destaque Bartare, enterrada numa das três pirâmides existentes na parte meridional de Meroé e que teria governado entre 284 e 275 a.e.c. A ela devem-se acrescentar os nomes de Amanerinas – que, por volta de 25 a.e.c., resistiu ao avanço dos romanos e terminou exilada na Ilha de Samos, na atual Turquia – e de Amanitere, cujo governo data de 25-41 e.c. e é considerada a última governante da fase áurea da civilização meroítica.

No século II e.c., a influência de Meroé diminuiu, o que se pode perceber no empobrecimento e diminuição do tamanho dos túmulos de seus últimos governantes, de quem às vezes não restam nem os nomes. Outros poderes emergiriam na região da Núbia e do mar Vermelho, e o mais influente seria exercido pelo Estado de Axum.

O CRISTIANISMO EM AXUM E NA ETIÓPIA

Desde o primeiro milênio a.e.c., o mar Vermelho serviu de ponto de articulação entre populações de origem africana e de origem árabe. Entre os primeiros migrantes que o atravessaram pelo estreito de Babelmandeb e se instalaram nas encostas das montanhas da região do Tigré estavam integrantes do clã dos Habashats, de onde parece provir, por deformação e adaptação, o nome "Abissínia". Outro desses grupos, o Ag'as, deixou seu nome à língua que depois se tornaria referência escrita para toda a Etiópia, o *geêz* ou *guêz*. Esses grupos árabes pré-muçulmanos encontraram do outro lado do mar, da Etiópia ao Chifre da África, populações negroides com as quais se misturaram, dando origem aos etíopes, galas e somalis.

Na metade do século IV, o Estado de maior expressão no vasto território da Núbia era conhecido pelo nome de Axum. Herdeiro das tradições de Meroé, distinguia-se delas devido a uma alteração cultural fundamental: a adoção do cristianismo.

A maneira pela qual o cristianismo foi introduzido na África constitui um ótimo exemplo de como o continente participou de processos fundamentais da história da humanidade. Originado na Palestina, no século I, o cristianismo foi levado pelos seus adeptos a quase todos os territórios sob domínio romano, entre eles o Egito. Daí o aparecimento dos eremitas do deserto no século II e o florescimento de comunidades nas cidades, principalmente em Alexandria.

Daí também o aparecimento de líderes e pensadores cristãos egípcios, cujas ideias e propostas de interpretação dos evangelhos e da doutrina nem sempre foram bem aceitas pelas autoridades em Roma e depois em Bizâncio. Em Alexandria, que era um importante centro intelectual, herdeiro do legado filosófico da Grécia, a interpretação dos evangelhos baseava-se em argumentos que divergiam das proposições oficiais, dando origem a doutrinas condenadas como heresias. Uma dessas heresias era o monofisismo, doutrina condenada no Concílio de Éfeso, segundo a qual a natureza divina de Cristo prevalece sobre a natureza humana.

Foi essa interpretação da doutrina cristã que de Alexandria se difundiu rumo a Axum no século V. A adoção formal do cristianismo tinha ocorrido tempos antes, entre 320-350, quando um governante da cidade de Axum chamado Ezana aceitou ser batizado cristão por Fromentius, religioso de origem síria que ocupava a posição de representante maior dos cristãos egípcios na qualidade de Patriarca de Alexandria.

O cristianismo difundido nessa parte da África diferia da versão oficial romana, e depois da versão bizantina. Ele foi difundido nos territórios da Núbia através da língua copta, que passou a ser a língua-matriz religiosa de um cristianismo africano que se afirmou ao longo dos séculos num processo complexo de amálgamas entre a doutrina monofisita e costumes das religiões tradicionais da África negra.

A igreja axumita (e, depois, a igreja etíope) formou-se como uma igreja separada, considerada cismática pelas autoridades religiosas de Roma e de Bizâncio. Ela adotou para si o calendário e o rito litúrgico copta, retirado do modelo praticado pelo clero de Alexandria, mas os adaptou às condições locais e a certos elementos da tradição judaica do Velho Testamento. Alguns costumes, como as danças e os tambores, os sacrifícios de cabras e, nos primeiros tempos, a admissão da poligamia, sugerem a persistência de traços da organização social e das religiões africanas tradicionais. Por outro lado, a distinção entre o consumo de carne pura e impura, a proibição das mulheres entrarem nos templos no dia seguinte ao que tiveram relações sexuais e a observação do sábado e não do domingo como dia consagrado sugerem heranças dos costumes judaicos.

No período de apogeu do Império Romano, mercadores egípcios, fenícios e mesmo indianos exploravam as costas da Somália, a ilha de Socrota e a terra de Ofir, de onde levavam animais exóticos e o precioso incenso. Data da segunda metade do século I a elaboração do mais conhecido guia marítimo do comércio oriental, o *Périplo do mar Eritreu*, escrito em grego, de autoria anônima, provavelmente por um comerciante do lado egípcio do mar Vermelho.

O texto revela perfeito conhecimento do litoral africano, arábico e índico, apontando a existência de quatro itinerários principais de navegação: o primeiro seguia a costa africana do mar Vermelho, descendo até o sul do Cabo Gardafui; o segundo partia da costa arábica do mar Vermelho, seguindo até o golfo Pérsico; o terceiro margeava o litoral indiano; e o quarto, bem mais vago, indicava os caminhos que levavam da Índia à China.

Situada às margens do mar Vermelho, nas planícies quentes cuja temperatura média do ar nunca é inferior a 26ºC, a cidade de Adulis era o porto de entrada e saída de produtos africanos: peles de leão e leopardo, presas de elefante, cascos de tartaruga, pimenta e demais temperos, metais e escravos capturados em guerra. Seu domínio se estendia à maior parte da costa do

30 HISTÓRIA DA ÁFRICA

outro lado do Iêmen, englobando desde o litoral do golfo de Aden até Zeila, na parte setentrional da Somália. O alcance de seus contatos era considerável e envolvia negociantes da Arábia, Pérsia e inclusive do Ceilão.

Mas o centro de poder estava na cidade de Axum, localizada no planalto, ao norte da atual Etiópia, bem acima do nível do mar e afastada do litoral. Era ali que as terras menos quentes e mais úmidas permitiam melhor aproveitamento dos recursos naturais e o desenvolvimento sistemático do cultivo de cereais, entre os quais o painço, cevada, sorgo e sobretudo o tefé (*eragrostis tef*), que constitui até o presente a base alimentar das populações etíopes e somalis.

Em torno das comunidades agrícolas que se dedicavam à agricultura e ao pastoreio, organizaram-se poderes centralizados para os quais foram edificados palácios, túmulos e altares com admiráveis registros iconográficos gravados em pedra, uma estatuária rica em motivos guerreiros e uma forma de escrita desenvolvida. Sinais evidentes de uma sociedade hierarquizada, diversificada e complexa, que estaria na origem da atual Etiópia. O representante máximo dessa sociedade recebia o título de *negus*, que, guardadas as devidas proporções, equivalia ao título de rei.

Nas relações com outros Estados, os governantes de Axum mantinham contatos com o Império Romano Oriental, centralizado em Bizâncio, através de embaixadas trocadas com certa frequência, sobretudo durante os governos dos imperadores Justino e Justiniano, na primeira metade do século VI.

Com os governantes dos Estados criados no Oriente Médio após o surgimento do Islã, no século VII, as relações oscilaram entre a cordialidade, a desconfiança e o confronto declarado. Nos séculos VIII e IX a influência político-militar de Axum diminuiu gradualmente em decorrência da expansão muçulmana nos dois lados do Mar Vermelho. Nos séculos seguintes seu território passou a ser disputado por líderes de potentados que, unificados, dariam origem ao reino da Etiópia.

Nos séculos X e XI, a disputa de líderes locais da Etiópia pela liderança regional se fazia com famílias árabe-muçulmanas que passaram a controlar o golfo de Aden, e com populações consideradas pagãs do sul, que se pode identificar com o reino Agau, de Damot, situado na grande curva do Nilo.

A vantagem dos cristãos coptas etíopes se afirmou no século XII, com as expedições militares vitoriosas comandadas pelos *negus* da dinastia dos Zagwe. Sobretudo a partir de 1270, no período de governo da dinastia Salomônida, que reivindicava para si uma origem judaico-cristã. Entre os séculos XIV e XV suas fronteiras políticas e religiosas se estenderam mais para o Sul, incluindo as províncias de Amhara, Lasta, Gojjam e Damot.

Um de governantes de maior destaque da dinastia dos Zagwe foi Lalibela, personagem respeitado no interior e no exterior tanto por sua habilidade pessoal quanto por sua piedade ardente. Entre 1200 e 1209, ele enviou ao Cairo duas embaixadas com presentes magníficos aos sultões, em troca da garantia da autonomia dos patriarcas de Alexandria – de quem esperava obter a ampliação do número de bispos etíopes. Ele mandou construir diversos mosteiros e concedeu doações substanciais ao mosteiro de Abba Libanos, além de mandar construir as famosas igrejas cravadas na rocha, entre as quais a igreja do Redentor do Mundo, construções magníficas e únicas por sua forma, por sua beleza e por sua expressão original do sentimento religioso africano.

Frequentada, e depois povoada parcialmente por populações de origem judaica, provenientes do reino de Sabá, no Iêmen, situado do outro lado do mar Vermelho, que está na origem da população judaico-africana dos *falachas*, a Etiópia distingue-se como espaço multicultural e multiétnico. Além disso, seus governantes souberam explorar a diversidade de suas origens no mito que atribui a origem da Etiópia a Menelik, filho do rei Salomão e da rainha de Sabá. O documento fundamental para a instalação da ideologia dinástica Salomônida é o livro de crônicas intitulado *Kebra Negast* (Glória dos reis), escrito na língua *geêz* no século XIII, que narra os fundamentos míticos do reino e sua profunda vinculação com a tradição bíblica judaica.

O SUDÃO ORIENTAL

O cristianismo em Axum e na Etiópia representa uma exceção, e não a regra. Devido à proximidade com os portos do mar Vermelho,

32 HISTÓRIA DA ÁFRICA

que funcionaram como pontos de passagem entre a África e a Arábia e o Oriente Médio, a influência cultural, política e religiosa predominante proveio do islã.

Criada no século VII por Maomé, o islã, religião monoteísta baseada na crença em um único Deus, identificado pelo nome de Allah, deu origem a poderes teocráticos com base político-militar unificada no Oriente Médio. A extraordinária expansão promovida a mando dos primeiros califas da dinastia Omíada (652-750) levou a influência islâmica para o Ocidente e para o Extremo Oriente. No caso da África, a conquista do Egito em 642 foi o ponto de partida de um lento processo de islamização de toda a área mediterrânica e do Nilo, através do Sudão Oriental.

Podem-se distinguir três grandes regiões no Sudão Oriental antigo: a primeira era integrada pelas populações do vale médio do Nilo; a segunda situava-se à oeste, nos planaltos de Darfur e do Kordofan; a terceira, situada ao sul, era habitada pelos povos nilóticos somali. Essas três regiões, que seguiram rumos históricos distintos desde a Antiguidade, foram reunidas no século XIX em virtude da conquista egípcia, e depois inglesa, sendo a base da atual República do Sudão e do Sudão do Sul.

No período do declínio de Meroé e ascensão de Axum, formaram-se, entre os séculos IV e VI, três Estados cujas lideranças eram cristãs: os reinos da Nobácia, Makuria e Alwa. Na tortuosa história de suas relações político-militares, que oscilou entre a aliança, a guerra e a incorporação de uns pelos outros, tais Estados tiveram que resistir a partir do século VII às pressões dos muçulmanos que controlavam o Egito. No ano de 652, a sede de poder do reino da Makuria, situada em Dongola, foi atacada, tendo que se submeter à autoridade islâmica e aceitar as condições impostas pelo pacto de aliança com o islã (*baqt*): o fornecimento anual de 400 cativos, inaugurando com isso o fluxo do tráfico de escravos para o Egito e para o Oriente Médio.

A história dos povos núbios prosseguiu daí em diante entre resistências e assimilações ao islã, que a longo prazo acabou triunfando.

Entre 650 e 710, a Nobácia caiu sob influência direta do Estado de Makuria, que se manteve fiel ao cristianismo monofisita do Egito. Em 745,

OS POVOS DA NÚBIA E DO ÍNDICO **33**

um de seus reis, Ciríaco, mobilizou exércitos em direção ao Egito como forma de reação ao aprisionamento do Patriarca de Alexandria, autorizando os guerreiros a retroceder apenas depois da libertação do líder religioso. Conflitos com o Egito voltaram a ocorrer no século X, até que os califas da dinastia Fatímida reconhecem que a Núbia era protetora permanente dos patriarcas de Alexandria.

Nos séculos seguintes, a capacidade militar dos Estados sudaneses diminuiu gradualmente diante da ofensiva dos califas fatímidas e dos sultões ayyubidas (século XII) e mamelucos (séculos XIII-XV) do Egito, e dos potentados islâmicos da Arábia. A última ofensiva núbia vitoriosa ocorreu em 1272, contra o porto árabe-muçulmano de Adal, no mar Vermelho. Em 1323, o derradeiro governante de Dongola, Kudanles, foi derrotado pelos islâmicos, e do cristianismo restaram apenas vestígios, como os belíssimos afrescos da ilha de Faras, onde se pode ver representações iconográficas cristãs dos africanos nilóticos, com arcanjos e santos pintados com feições negras.

Ao que tudo indica, o fortalecimento dos Estados muçulmanos na Núbia e no mar Vermelho não representava ameaça para a Etiópia. Na verdade, foi o poderoso reino cristão que, restaurado e reunificado no final do século XIII pelos governantes salomônidas, tomou a ofensiva contra os muçulmanos e, no princípio do século XIV, conseguiu submetê-los a um tributo.

Não se tratava ainda de uma guerra com conotações religiosas. Apenas no século XV a crescente dominação etíope começou a levar os habitantes destes Estados do Sudão a reagir como muçulmanos. Quando em 1415 os etíopes atacaram o norte de Ifat, vencendo as tropas do sultão de Zeila e executando-o, as populações locais se rebelaram em nome de sua religião contra os atacantes cristãos. Tempos mais tarde, no início do século XVI, quando os turcos otomanos sucederam os sultões mamelucos no Egito e introduziram o uso de armas de fogo e artilharia nos portos do mar Vermelho e da Arábia, tiveram apoio nas populações locais para lutar contra a Etiópia, com resultados que teriam sido decisivos se não fosse a intervenção dos portugueses em

34   HISTÓRIA DA ÁFRICA

1542. Daí em diante, muçulmanos e cristãos africanos cairiam cada vez mais na esfera de influência das potências e impérios muçulmanos e cristãos modernos.

AS CIDADES SUAÍLI

Em direção ao centro-sul da costa oriental africana, o encontro entre populações de proveniência árabe-muçulmana com nativos de matriz cultural banto deu origem a uma sociedade original marcada pelos contatos com a Arábia, a Pérsia e o oceano Índico. Seu traço distintivo deve-se ao uso de uma língua comum, o suaíli – palavra derivada do termo árabe *sahil*, que significa "praia" ou "costa", portanto, um dialeto costeiro.

A língua e cultura suaíli são atualmente partilhadas por milhões de falantes na República do Quênia, na Tanzânia e em Uganda. São povos aparentados de origem linguística banto, que constitui a principal matriz cultural de toda a África Subsaariana.

O termo *banto* não tem hoje qualquer conotação étnica ou social, e se refere ao vastíssimo grupo linguístico africano em que a raiz vocabular *ntu*, com o significado de "coisa" ou "pessoa", é universal. O prefixo *ba*, comum a essas línguas e dialetos, indica o plural. Assim, *ba-ntu* significa "ser humano". Tal grupo é integrado por mais de 600 línguas ou dialetos.

A mistura de elementos de origem banto com palavras e expressões de origem árabe, trazidas pelos emigrantes do mar Vermelho e do Oriente Médio que se estabeleceram no litoral do oceano Índico, produziram a língua e cultura suaíli. Temos então mais um exemplo de interação e adaptação às realidades históricas produzidas ao longo dos tempos, e das dinâmicas sociais particulares daí resultantes. Vejamos a seguir como ocorreram as relações entre populações de origem árabe-muçulmana e as populações nativas africanas.

Entre os séculos VII e IX, emigrados da Arábia e da Pérsia se estabeleceram em Mogadíscio, que é na atualidade a maior cidade da Somália. Em 975, o xeique persa Hasan ibn Ali se deslocou com uma frota de sete navios e grande número de seguidores pelo litoral, impondo sua autoridade em Mombaça, na atual República do Quênia, em Pemba, situada em Moçambique, na ilha de Kilwa, junto à costa da Tanzânia, e nas ilhas Comores – cujo próprio nome é de proveniência árabe, *Komr*. Toda a região entre Somália e Moçambique recebeu contingentes de populações islâmicas ou islamizadas.

O interesse dos emigrantes era motivado pelos lucros comerciais. O oceano Índico funcionava como via integradora das rotas do comércio intercontinental. Com o aprendizado dos momentos apropriados para navegar utilizando a força dos ventos (monções) os afromuçulmanos participaram das trocas comerciais com o Oriente, especialmente a Índia. Nos textos de autores muçulmanos, esse território da costa oriental aparecia designado pela expressão *"Bilad al-Zendj"*, cuja tradução aproximada seria "país dos Zendj", "país dos negros", uma vez que *zendj* era a corruptela de Zanzibar.

Integrada por 37 cidades do litoral, mais ou menos influentes, a comunidade suaíli era controlada desde pelo menos o século XII por um grupo de especialistas no grande comércio de especiarias. Dava-se o nome de *karimis* aos mercadores árabe-muçulmanos ou afromuçulmanos que controlavam os portos, transportando, comprando e vendendo produtos da Ásia, África e do mundo mediterrânico, concorrendo com os mercadores egípcios.

De Pemba, Kilwa, Melinde e Mombaça vendiam-se mercadorias tradicionais do tráfico internacional africano. O minério de ferro extraído das minas do interior era exportado para a Índia, onde seria utilizado como matéria-prima na fabricação de lâminas de aço para sabres, espadas e punhais. Quanto ao marfim, extraído das presas de elefante, era utilizado na fabricação de punhos para as armas, peças de jogo de xadrez, decoração de cadeiras e poltronas e uma variada gama de criações artesanais para a decoração de interiores.

Nos séculos XIII a XV, a mais importante dessas comunidades portuárias era ilha de Kilwa (Quíloa), cuja população oscilou entre 4 mil e 12 mil pessoas. Controlada no século X por famílias de origem persa, seu

36 HISTÓRIA DA ÁFRICA

período de apogeu data do governo do sultão Allassan Ibn Talluth, que a governou entre 1277-1294. Ele mandou cunhar moedas de cobre e edificar mesquitas cujos vestígios ainda existem. Como os demais monumentos e habitações, essas mesquitas eram construídas com madeira ou com barro vermelho e pedra e cercadas por jardins e pomares – seguindo nesse ponto a tradição arquitetônica muçulmana. A frota de barcos existente na cidade podia transportar 50 toneladas de mercadorias, entre as quais ouro, prata, pérolas, algodão e marfim.

As chegadas e partidas de embarcações ocorriam com regularidade, e as atividades comerciais pelas águas do Índico antecederam em muito os negócios europeus no Extremo Oriente. Em 1414, uma embaixada proveniente de Melinde enviou aos imperadores da dinastia Ming diversos presentes, entre os quais uma girafa, presente tão inusitado que chamou a atenção de um artista, que a retratou numa tela de seda que intitulou *Qilin* (Girafa). Os integrantes da embaixada retornaram no mesmo instante em que as dezenas de embarcações chinesas que compunham a "frota do tesouro", comandada pelo almirante Zeng He, deslocaram-se do mar da China ao Oriente Médio, a "Terra do Incenso", e toda a costa oriental africana, até o canal de Moçambique.

Deste modo, pode-se concluir com facilidade que a África encontrava-se integrada às principais rotas do comércio de longo curso de especiarias, e seus governantes tinham posição de destaque no interior e no exterior.

O GRANDE ZIMBÁBUE

Mais para o sul, no litoral da África Austral, onde na atualidade estão situados Moçambique e o Zimbábue, floresceu a mais extraordinária e também a mais enigmática civilização africana. Seu território era ocupado pelas populações da comunidade linguística banto conhecidas como *shonas*.

Os vestígios materiais dessa civilização foram encontrados em 1873 perto da atual cidade de Masvingo pelo naturalista alemão Karl Mauch.

Quando ele se deparou com o monumento que ficou conhecido como Grande Zimbábue, termo que designa "grande casa de pedra", imaginou ter encontrado o reino perdido da rainha de Sabá. Tempos depois ficou provado que se tratava de uma criação genuinamente negro-africana, sem qualquer influência exterior.

Embora os pesquisadores tenham descoberto pelo menos 150 outros sítios arqueológicos nas proximidades com construções similares, o monumento do Grande Zimbábue se destaca pela sua dimensão, ostentação e complexidade. No conjunto, primeiro aparece o Grande Cercado, uma enorme fortificação de forma esférica com 2,5 km de perímetro e eixo central correspondente a cerca de 1 km. A muralha foi erguida com a sobreposição de inúmeros blocos de pedra, sem argamassa, e mede 10 m de altura. Em seu interior, em forma de zigue-zague, encontram-se duas torres cônicas que medem também 10 m de altura e recebem o nome de Templo Elíptico.

Perto dali, cerca de 700 m, numa colina, elevam-se os restos de uma fortificação colossal, denominada Acrópole. Ao que tudo indica, algumas partes da magnífica construção datam do século IV e.c., outras são provavelmente do século XI, constituindo o testemunho visível do poder alcançado pelos governantes de um Estado poderoso que exerceu sua hegemonia na região situada entre os rios Zambeze e Limpopo.

A ausência de maiores informações escritas a respeito de Estados organizados naquela região abriu espaço para intermináveis discussões entre os eruditos europeus do início do século XX, e depois entre arqueólogos e historiadores. O que se pode afirmar com certeza é que os povos que ergueram os monumentos do Grande Zimbábue vinculam-se às sociedades cujas cultura e tecnologia denominam-se Leopard's Kopje (Colina do Leopardo), e que se caracteriza pelo completo domínio das técnicas de exploração e transformação do ferro, a extração do ouro e cobre, e a criação de gado.

Em 1932, um camponês encontrou às margens do rio Limpopo, em Mapungubwe, numa elevação considerada pelos moradores locais uma colina sagrada, inúmeros restos de objetos revestidos em ouro muito semelhantes àqueles encontrados no Grande Zimbábue. Havia também 12 mil pérolas, artefatos de cobre, fragmentos de porcelana chinesa, perto de esqueletos que pareciam carregados de ornamentos similares e cujo tipo antropológico assemelha-se aos hotentotes-bosquímanos. O sítio de Mapungubwe seria dirigido por um grupo minoritário, que mantinha sob controle a população local, de língua shona? Que tipo de relações haveria entre esse sítio e o do Grande Zimbábue? São questões ainda não esclarecidas, que continuam abertas ao debate.

O poder central do Estado do Grande Zimbábue estava nas mãos de chefes e sacerdotes que controlavam o culto do *Mwari* e os sacrifícios dedicados aos ancestrais, e que se beneficiavam com o comércio de minérios mantido com os comerciantes árabe-muçulmanos. A respeito desses governantes, podem-se encontrar informações preciosas no tratado escrito no ano de 945 pelo geógrafo árabe al-Masudi, intitulado *Muruj-al-Thahabwa a-Ma'adin al-Jawahir* (*Searas de ouro e minas de pedras preciosas*), no qual ele descreve as principais jazidas de ouro e os povos a que pertencem. Um dos locais em que se podia encontrar aquele metal precioso seria num certo reino denominado Uaklimis, cujos habitantes eram da "cor da noite", tinham lábios grossos, alimentavam-se de sorgo e de tubérculos, e veneravam seu governante como um deus.

O que se pode supor é que, por volta de 1300, já estivessem lançadas as bases de um Estado poderoso e influente, cujo centro encontrava-se no Grande Zimbábue e cuja esfera de poder atingia uma vasta região da África Austral. Nessa ocasião, sobre a qual as informações são menos imprecisas, os governantes eram identificados pelo título de *Mwene Mutapa* (O senhor das minas), termo que deu origem ao nome pelo qual os portugueses denominaram no século XVI o reino em que se encontravam as minas de ouro, Monomotapa.

Tratava-se ao que parece de um Estado centralizado, cujos governantes associavam seu poder e prestígio ao culto dos ancestrais divinizados, e que se sustentava através dos tributos extraídos dos povos que mantinha sob seu controle e do monopólio do comércio com os mercadores das cidades da costa do Índico.

OS POVOS DA NÚBIA E DO ÍNDICO **39**

Ao que tudo indica, havia uma nítida divisão social do trabalho e grupos especializados que atuavam na organização social do Grande Zimbábue, com artesãos especializados no trabalho do cobre e do ferro, ourives, escultores, oleiros e tecelões. A pedra utilizada pelos escultores, a esteatite, podia ser encontrada em abundância num raio de 25 km a partir da residência dos governantes. Os bens produzidos por esses artesãos, como enxadas de ferro e tecidos de algodão, serviam na composição de oferendas religiosas ou como tributo. Um grande depósito de enxadas de ferro não utilizadas encontrada num dos sítios arqueológicos parece indicar que o *Mwene Mutapa* acumulava essas ferramentas para redistribuí-las entre os seus governados.

Toda a grandeza desse Estado misterioso havia passado no início do século XVI, quando o Monomotapa, espécie de Eldorado, transformara-se já numa miragem para os portugueses, ávidos por encontrar as fontes de fornecimento de ouro. Em 1531, os lusitanos recém-chegados criaram uma fortificação em Sene, às margens do rio Zambeze, e depois outra, localizada em Tete, de onde escoavam o ouro até Moçambique. Em 1550, o aventureiro Antônio Caiado instalou-se por sua própria conta na região, ganhou prestígio e influência e tornou-se conselheiro pessoal do Mwene Mutapa, em Manica. Logo depois chegavam os primeiros jesuítas, tendo início a evangelização da população local ao cristianismo.

AS PRÁTICAS RELIGIOSAS DOS CAFRES DE SOFALA VISTAS PELOS PORTUGUESES

No princípio, o termo *kaphir* era utilizado pelos muçulmanos para designar os negros que permaneceram ligados às crenças politeístas tradicionais africanas, tendo a acepção de "infiel". Os portugueses adaptaram-no para *cafre*, utilizando-o com frequência dos séculos XVII a XIX em relação aos negros não cristãos. Leia a seguir trechos de uma lista de informações fornecidas por Carlos José dos Reis e Gama, em 17/07/1796, a respeito das crenças e costumes dos cafres de Sofala, uma das mais antigas e importantes comunidades da atual República de Moçambique:

(1) Os cafres não tem alfabeto algum, ou sinaes que equivalhão as suas palavras.

[...]

(5) Dizem, e confessão que há Deos a que chamão Murungo, e que creou todas as couzas; porem com tão grande confusão q nada se pode collegir delles, e por isso não admitem algum dos dous principios hum bom, e outro mao.

[...]

(8) Não tem idéa alguma sobre o Paraizo, e Inferno, somente admitem huma obscura transmigração dos defuntos nos corpos dos doentes seos parentes por causa de se não lembrarem dos seus antepassados com praticão, offerecendo lhes pombe, maça, ou fato nas suas sepulturas, e quando lhes acontece alguma moleestia, que atribuem a este principio consultão aos seus Adevinhadores, a quem chamão Gangueiros, e conforme a opinião delles vão cumprir à risca.

[...]

(13) Não tem idolo, ou divindade que adorem, e o lugar destinado para as suas suplicas em occazioens de necessidade he em cima das Sepulturas dos seus antepassados, aos que fazem as sus deprecaçoens em prezença de toda a familia, e não em particular para não haver motivo de suspeita; pois entre elles venerão profundamente as ditas sepulturas.

(14) Não tem Instromento algum que somente seja destinado para as ditas suplicas, e tocão os mesmos tambores que uzão na guerra, e do mesmo toque.

(15) Não admitem Ente algum inferior a Deos, e superior aos homens.

(16) Não sabem o que he Diabo, nem há palavra no seu Idioma que o signifique.

(17) Tem oraculos, que chamão Inhamuçoros, ou Pondos, que são homens, ou mulheres mezinheiras, e enganadoras, que profetizão conforme as circunstancias. Há duas qualidades de adevinhaçoens, huma vulgar chamada cuchocucho, que são seis buzios, ou cauris pequenos lançados no chão, e conforme a quantidade delles que acontece cahir com as costas para cima ou para baixo he que adevinhão pouco mais, ou menos. A outra a que chamão ganga, e ao

adevinhador gangueiro, serve para acontecimentos maiores, como de mortes para apanhar o feiticeiro, e adulteros.

(18) São todos agoureiros, que com qualquer encontro, cantr de passaros, sonhos, e novidades, julgão que he bom, ou mào signal.

[...]

(22) Veneram a memoria dos mortos seus parentes, aos quaes sendo ricos, e grandes da terra enterrão na mesma Povoação dentro de huma caza de sombreiro, e de dias em dias lhe oferecem maça, pombe, e em algumas occazioens fato para vestir, e passando dous, ou tres dias, vão ao lugar da sepultura em que depozitarão a oferta, e tirando-a repartem para todos os parentes, dizendo-lhes que he resto do defunto.

(23) Tem muito medo dos mortos.

(24) Não pensão do Sol e lua senão como couzas criadas por Deos, e custumão como ja de disse tocar tambores nos dias de Lua nova, porem sem mais culto, ou Religião, e somente por que assim praticarão seus Pays, e antepassados: as Estrellas, Vento, e Chuva, atribuem a ordem da Natureza; os trovoens, e relampagos atribuem a feiticeiras e se acazo morre alguma pessoa de Raio, fazem ganga para apanhar o feiticeiro, ao que logo matão, e quando há falta de chuva fazem deprecaçoens aos defuntos com tambores, e danças.

Fonte: *Resposta das questoens sobre os cafres ou Notícias etnográficas sobre Sofala do fim do século XVIII.* Introdução e notas por Gerhard Liesegang. Lisboa: Junta de Investigações do Ultramar – Centro de Estudos de Antropologia Cultural, 1966, pp. 15-8.

A PRESENÇA EUROPEIA

A ultrapassagem do Cabo da Boa Esperança por Bartolomeu Dias em 1488 e a conclusão da circum-navegação da África pelos portugueses teve consequências decisivas para os povos africanos da costa oriental. Quando, em 1498, o navegador Vasco da Gama completou a rota que levava ao mercado das especiarias indianas, ele e seus marinheiros se depararam com os povos e cidades mercantis africanos mencionados anteriormente.

42 HISTÓRIA DA ÁFRICA

Todo o século XVI seria marcado pela disputa comercial, política e bélica entre europeus, africanos e árabes pela hegemonia das rotas e mercados do comércio oriental. Nas primeiras décadas daquele século, os navegadores e mercadores de origem lusa instalaram-se em Kilwa, Pemba, Mombaça, Sofala e outros pontos e, sustentados pela ideologia cristã da luta contra o infiel muçulmano, conquistaram territórios ocupados pelos chefes árabes, persas e afromuçulmanos.

No século XVII, novos atores entraram em cena, disputando com os portugueses sua posição hegemônica. Da parte europeia, eram os mercadores e navegadores holandeses, ingleses e franceses, que se tornaram concorrentes cada vez mais bem aparelhados na disputa por fatias dos espaços de comercialização e colonização até meados do século XIX. Da parte oriental, eram os sultões de Oman, que primeiro expulsaram os portugueses da Arábia, e depois se impuseram nos negócios das cidades costeiras, até se instalarem de forma definitiva em Zanzibar no ano de 1840.

* * * * *

A intenção deste capítulo foi mostrar como as experiências históricas dos povos dessa parte do continente africano estiveram associadas aos rios e aos mares. Tratou-se de realçar a singularidade dos povos nilóticos e dos povos "índicos", cuja história continua a ser muito pouco conhecida no Brasil.

Em seu longo percurso histórico, aqueles povos construíram identidades e desenvolveram tradições autônomas, dinâmicas e originais, e interagiram com culturas de matriz cristã e de matriz muçulmana. Formaram reinos e cidades com poderes organizados, e criaram estilos de vida vinculados ao comércio, ao artesanato, à agricultura e à pecuária.

Numa palavra, construíram sua própria história.

OS POVOS DA NÚBIA E DO ÍNDICO **43**

SUSGESTÕES DE LEITURA

Costa e Silva, Alberto da. *A enxada e a lança:* a África antes dos portugueses. Rio de Janeiro: Nova Fronteira, 1996.

Primeiro volume de uma trilogia (completada pelos livros *A manilha e o libambo* e *Um rio chamado Atlântico*) publicada pela Editora Nova Fronteira entre 1996-2002, em que o diplomata, poeta e historiador brasileiro recupera em perspectiva diacrônica as principais linhas de rumo do continente africano antes do século XVI. Título obrigatório para quem quiser conhecer os principais problemas históricos das antigas sociedades africanas. Dedica capítulos específicos ao reino de Meroé, Axum, Etiópia, às cidades suaíli e ao Grande Zimbábue.

Davidson, Basil. *À descoberta do passado de África.* Lisboa: Sá da Costa, 1981.

Texto de divulgação de autoria de um conhecido historiador britânico que, nos anos 1960-1980, contribuiu decisivamente para a valorização da história da África. Defensor dos pontos de vista do afrocentrismo, estabelece ao longo da obra inúmeras comparações entre as estruturas políticas, sociais e econômicas da África e da Europa, destacando a superioridade ou a singularidade africana. O capítulo 4 dedica-se ao exame da África Oriental e Central, as cidades da costa oriental e os reinos shonas.

Oliver, Roland; Fage, John. *Breve história da África.* Lisboa: Sá da Costa, 1980.

Dedicado à evolução histórica dos povos africanos, redigido por dois importantes pesquisadores britânicos, em perspectiva eminentemente eurocêntrica. O capítulo 4 dedica-se a uma visão de conjunto da *civilização sudânica*, isto é, dos povos núbios. O capítulo 8 trata do nordeste africano e da África Oriental até o século XVI.

Doresse, Jean. *L'Empire du Pretre Jean.* Paris: Librairie Plon, 1957, 2 v.

Livro dedicado ao estudo da formação e desenvolvimento da antiga Etiópia. O primeiro volume refere-se ao período da "Antiguidade", e o segundo volume, aos tempos "medievais". O autor criou uma seção de arqueologia em Addis Abeba, e pesquisou durante dois anos a história da formação da Etiópia. No livro, são postas em evidência as formas particulares assumidas pelo cristianismo etíope e suas profundas vinculações com o mundo cristão copta e com o cristianismo que se desenvolveu no mundo grego e na Síria do período bizantino.

Brissaud, Jean-Marc. *A civilização núbia até a conquista árabe.* Rio de Janeiro: Otto Pierre, 1978. (Coleção Grandes civilizações desaparecidas.)

Livro escrito em tom coloquial e em estilo quase romanesco, tem o mérito de sistematizar informações escritas e evidências materiais sobre os antigos povos núbios. A parte mais importante dedica-se ao desenvolvimento de Meroé e Axum.

Ferronha, António Luís. *O Monomotapa.* Lisboa: Comissão para as Comemorações dos Descobrimentos Portugueses, 1994.

Coletânea de documentos escritos por missionários jesuítas, cronistas e administradores portugueses entre os séculos XVI e XVIII, a respeito dos povos do reino do Monomotapa em sua fase tardia. O autor introduziu, modernizou a grafia e contextualizou a documentação, o que torna a obra um instrumento útil para o conhecimento histórico desta importante civilização africana.

O eixo transaariano

No capítulo anterior, foi apresentada a maneira pela qual os povos do nordeste e do litoral oriental da África organizaram-se em torno de grandes rios, mares e oceanos. Tratava-se de sociedades em constante interação com povos pertencentes a outros espaços geoculturais, a outros continentes, em frequentes contatos comerciais por via marítima e em constantes contatos e trocas culturais com o cristianismo e o islamismo.

No presente capítulo, serão enfocadas as sociedades africanas organizadas e adaptadas a outros tipos de ambiente: o deserto e a savana. O objetivo é acompanhar a evolução histórica de grupos humanos que souberam tirar proveito dos recursos oferecidos por um meio natural inóspito, mas que lhes oferecia condições de sobrevivência e lhes imprimiu características particulares. Em geral, esses grupos

46 HISTÓRIA DA ÁFRICA

ocuparam desde a faixa litorânea do mar Mediterrâneo até os limites da floresta tropical. Tinham em comum o trânsito através do deserto do Saara. Além disso, foram todos, em maior ou menor proporção, influenciados pelo islã.

Considerado o maior deserto do mundo, com extensão aproximada de 9 milhões de km^2, equivalente a quase toda a superfície da Europa, o deserto do Saara teve e continua a ter importância econômica e estratégica fundamental para a África.

Ao contrário do que se pensou durante muito tempo, ele não é uma área morta, que isola os povos que o habitam do restante do mundo. Na verdade, ao longo da história africana, o Saara foi um eixo de articulação entre aqueles, as savanas e as florestas, situados abaixo dele, e os povos das margens do Mediterrâneo. Nesse sentido, ele pode ser considerado um imenso "mar de areia". Assim como ocorria com os mares e oceanos, por ele transitaram pessoas, mercadorias, crenças, ideias, técnicas, tradições culturais.

No primeiro milênio a.e.c., no momento em que se completava sua desertificação, as populações que nele habitavam emigraram para o Leste, estabelecendo-se junto ao Nilo, conforme apontamos nos capítulos anteriores. Mas outros grupos migraram para o norte e se estabeleceram em áreas costeiras do Mediterrâneo, onde havia abundância de água: foram os antepassados dos povos berberes dos atuais Marrocos, Argélia, Tunísia e Líbia. Eles mantiveram relações históricas, nem sempre pacíficas, com populações de pastores que permaneceram em áreas próximas aos oásis, em que a carência de água era menos aguda. Esses habitantes do deserto eram os antepassados dos atuais tuaregues. Para o sul, o lento movimento migratório se fez em direção à área semidesértica do Sahel e em direção às áreas das savanas, irrigadas por grandes rios, como o Senegal e, sobretudo, o Níger: daí surgiram os antepassados de grupos que ocupam os atuais países da Mauritânia, Senegal, Mali, Níger e Nigéria, Burkina Faso e Chade. Entre estes estão os soninkês, mandingas, fulas, bambaras, dogon, mossi, hauçás, sossos e muitos outros, que são identificados pelo termo genérico "sudaneses".

Ao apontar essa variedade de grupos humanos pretende-se evidenciar a diversidade ambiental e populacional da África Ocidental. Alguns se especializaram em atividades típicas do litoral, como pescadores ou navegadores e comerciantes, outros em atividades típicas do deserto, como pastores ou caravaneiros, e outros, em atividades típicas da savana e da floresta, como pescadores, agricultores e pastores.

A ISLAMIZAÇÃO DO MAGREB

Desde a Antiguidade, o norte da África manteve relações político-econômicas com o mundo extra-africano, e disso dão provas os registros arqueológicos da "rota dos carros". Eles dizem respeito a um comércio regular feito por caravanas, através do deserto, em busca de ouro e marfim, do qual participaram primeiro mercadores fenícios, e depois mercadores romanos. A fixação e desenvolvimento de mercadores de origem síria na cidade de Cartago, situada na atual Tunísia, transformou o local num polo comercial dinâmico que, na metade do primeiro milênio a.e.c., controlava uma vasta área de influência comercial.

A rivalidade entre o expansionismo romano e o expansionismo cartaginês é bem conhecida dos historiadores europeus. Costuma ser enfocada no episódio conhecido como Guerras Púnicas. A derrota de Cartago em 146 a.e.c. colocou toda a África Mediterrânica sob domínio romano, o que explica o desenvolvimento da cultura latina e inclusive do cristianismo nessa área cultural desde muito cedo. Ao norte da África, viveram pensadores fundamentais ao cristianismo, entre os quais Tertuliano (160-220 e.c.), que foi bispo de Cartago, e Aurélio Agostinho (354-430 e.c.), que nasceu em Tagast, na atual Argélia, e foi bispo de Hipona. Sua obra máxima, chamada *A cidade de Deus*, permanece como referência obrigatória do pensamento cristão latino.

Mas a influência cristã diminuiu após a quebra de unidade e o colapso do Império Romano do Ocidente, ao fim do século V. Todo o lado de baixo do mar Mediterrâneo seria influenciado por outra religião monoteísta de caráter universalista, o islã.

De modo similar ao que tinha ocorrido com as comunidades do litoral índico, também o litoral do mar Mediterrâneo funcionou como uma via privilegiada de expansão do islamismo desde o século VII. O ponto

48 HISTÓRIA DA ÁFRICA

de entrada se deu a partir do Egito, conquistado em 642. Daí o islã se difundiu para o sul, como se viu, na direção da Núbia. Avançou do mesmo modo para o Ocidente, através de territórios até então mantidos sob domínio mais ou menos efetivo do Império Bizantino, territórios ocupados pelos povos berberes.

Entre 643 e 699, os chefes militares muçulmanos, a serviço dos primeiros califas, enviaram três expedições militares contra as tribos berberes e os *roum* (bizantinos) do Magreb – denominação que se refere à parte mais ocidental do mundo muçulmano, situada ao noroeste da África, correspondente aos territórios dos atuais Marrocos, Argélia, Tunísia e Líbia. As duas primeiras limitaram-se a incursões efêmeras, mas a terceira, chefiada por Okbah-ibn-Nâfi'-l'Fihri, teve maior impacto e melhores resultados, com a fundação da cidade de Kairuan em 670 e.c.

Durante o processo de instalação dos muçulmanos, a tribo berbere mais poderosa, aquela que resistiu de armas na mão com maior tenacidade, denominava-se Aurabah e era liderada por uma mulher chamada Kahina. Na passagem do século VIII, a liderança dela era reconhecida por todo o Magreb, até sua derrota e execução no ano de 704, que pôs fim à resistência e garantiu a vitória aos muçulmanos.

Dando continuidade ao processo expansionista, o governador de toda a África, Abu-abd-al-Rahman-Muça-ibn-Noçayr-al-Lakhmi, submeteu as tribos do centro e oeste do Magreb até Ceuta. Logo depois, em 711, árabes e afromuçulmanos atravessaram o Mediterrâneo, entrando nos territórios do reino Visigodo para submetê-lo aos poucos, de onde a formação do Estado muçulmano de Al Andalus na parte central e sul da península ibérica.

Criava-se, deste modo, um elo histórico entre os dois lados do Mediterrâneo, ocupados por islâmicos. As relações de afinidade cultural islâmica entre o Magreb e a Europa perdurariam durante séculos, através do Estado de Al Andalus (séculos VIII a XI), dos reinos muçulmanos das taifas (séculos XI a XIII) e do reino Nazri de Granada, que subsistiria até sua conquista efetiva pelos reis católicos da Espanha em 1492.

A conquista militar do Magreb foi acompanhada de um lento processo de islamização, resultante dos contatos das populações de crença muçulmana com os berberes. Comunidades muçulmanas foram fundadas no século VIII e IX, em cidades que desempenhariam importante papel como centros comerciais de longo curso, entre as quais as cidades de Fez, Tlemcén, Tanger e Sijilmassa. Enquanto isso, uma dinastia muçulmana autóctone fundava no Egito a cidade do Cairo (969). Desde esse tempo, todo o norte da África era recortado por caravanas de camelos que iam e vinham ao Oriente Médio, levando e trazendo mercadorias de grande valor comercial. O destino dessas caravanas eram as terras situadas do outro lado do Saara.

AS ROTAS DO SAARA

Desde os primórdios do islã, a difusão dos preceitos religiosos do Corão era feita nas áreas de atuação dos mercadores, seguindo-lhes o rastro. Assim se deu nas estepes da Ásia Central, na Índia e na Indonésia. O mesmo se verifica na África Subsaariana, e nesse caso os difusores da crença acompanhavam as caravanas oriundas do Egito e do Magreb.

As informações essenciais sobre as atividades comerciais dos africanos estão registradas num tratado de geografia escrito por um sábio hispano-muçulmano chamado al-Bakri (1014-1094). Nascido na cidade espanhola de Huelva e morador de Córdova, sua obra data de 1068 e chama-se *Kitâb al-Masâlik wa'l-Mamâlik* (Livro das rotas e reinos). No livro, constam as rotas que ligavam as comunidades do Magreb ao Egito, com as distâncias entre cidades importantes como Fez e Sijilmassa, ou entre Kairuan e Trípoli. Também há informações sobre as rotas em sentido Norte-Sul, com as ligações entre comunidades situadas acima e abaixo do deserto do Saara.

No século XI, havia duas rotas principais de ligação no sentido Norte-Sul, bem conhecidas das populações saarianas. Uma partia do atual Marrocos e terminava no Sudão Ocidental, entre os atuais Senegal e Mali. A outra partia das atuais Tunísia e Líbia até atingir o Sudão Central, onde está situada a atual República do Chade. Também se verificavam movimentos no sentido Oeste-Leste, que ligava os povos da costa do Atlântico, o Níger, o Chade, o Sudão Oriental, o Nilo e o litoral do mar Vermelho, no chifre da África.

50 HISTÓRIA DA ÁFRICA

Os tuaregues são povos de pastores seminômades, criadores de camelos, cabras e carneiros. Adaptaram seu estilo de vida às condições do deserto, organizavam-se em *kabilas* (tribos), entre as quais as mais importantes eram as dos povos lamtuna, sanhaja e massufa. Dedicavam-se também à realização ou à proteção das caravanas comerciais. Eles circulavam através do extenso território que abrange hoje o sul do Marrocos, a Mauritânia, o sul da Argélia, da Tunísia e da Líbia, da região do Fezzan ao lago Chade, o norte do Mali e de Burkina Faso, e inclusive o norte da Nigéria. Habitam os planaltos e montanhas situados nas regiões de Azder, Hoggar, Kel-oui, Aouelimmiden, e na região do Adrar de Iforas. Ao longo dos séculos, tornaram-se especialistas no transporte de mercadorias no lombo dos camelos, em localizar oásis e poços de água, em atacar ou defender grupos de mercadores interessados em realizar negócios na África Subsaariana.

Uma caravana que pretendesse percorrer o Saara através da rota Norte-Sul, que se iniciava em Sijilmassa, devia levar provisões e água suficientes para 52 dias de viagem até Tombuctu, situada ao fim do deserto e considerada a porta de entrada da bacia do Níger. As condições da viagem não eram fáceis. Sabemos disso porque dispomos de um relato pormenorizado feito por um viajante que viveu no século XIV, chamado Ibn Battuta, que acompanhou uma caravana de mercadores no ano de 1352.

Nos primeiros 25 dias de viagem a caravana de Ibn Battuta percorreu o trecho entre Sijilmassa e a comunidade de Tagaza, na entrada do grande deserto. Na aldeia, as casas e a mesquita eram feitas de sal e os tetos, fabricados com couro de camelo. Já neste trecho, o viajante percebe a diferença do ambiente natural, observando que em Tagaza o solo era arenoso, não havia árvores e a comunidade era constituída por escravos empregados na extração de sal. A parada seguinte foi no oásis de Tasarahla (Bir al-Ksaib), em plena área desabitada do deserto.

Além da aridez e das variações extremas de temperatura, havia o problema do movimento da areia e das dunas. A condição de sobrevivência na viagem dependia do quanto os caravaneiros permanecessem junto ao grupo. O conhecimento da direção correta e dos pontos de apoio e de reabastecimeno de água era privilégio de poucos conhecedores do deserto, conhecidos como *taksif* – os guias das caravanas. Ao *taksif* competia ir adiante dos demais caravaneiros, deixando-lhes as indicações do caminho e se adiantando aos locais de parada, preparando a chegada dos demais. Como se tratava de conhecimento adquirido com a experiência, eram os melhores que retinham de memória todo o caminho da viagem.

As caravanas eram integradas por dezenas de cameleiros. As maiores podiam conter duas ou três centenas deles. Das mercadorias envolvidas no comércio, a mais importante era o sal extraído em Tagaza e nas salinas próximas do oásis de Bilma. Tal era o seu valor que, durante muito tempo, era o sal a mais difundida referência de valor e moeda de troca nas relações comerciais transaarianas. Levavam-se também tecidos, temperos e armas. Quanto aos produtos subsaarianos mais valorizados, eram essencialmente o ouro e os escravos. Adiante, no capítulo "O tráfico de escravos", será analisado em detalhes o papel da escravidão e do comércio de escravos nas sociedades africanas antigas.

A INFLUÊNCIA DE GANA

Nos textos dos escritores muçulmanos, o extenso território situado abaixo do deserto do Saara era designado pela expressão *Bilad al Sudan*, que significa "país dos negros". Aqui, as diferenças não eram assinaladas apenas pela cor da pele dos habitantes, mas por um conjunto de elementos que engloba aspectos ambientais, geográficos e históricos. Embora ligados ao Magreb e ao Egito pelas rotas de comércio, os povos sudaneses distinguiam-se dos mediterrânicos em muitos pontos, que serão examinados a seguir.

Na África Subsaariana, os recursos naturais tornam-se muito mais abundantes na savana e na floresta tropical. O termo *savana* designa um tipo de vegetação menos densa do que a floresta, em que predominam gramíneas, com árvores esparsas e arbustos de média dimensão, isolados ou em pequenos grupos. Sua composição assemelha-se ao cerrado brasileiro. Aqui, as condições de sobrevivência são melhores do que no deserto.

O contraste com o ambiente seco e desértico deve-se ao papel ecológico essencial desempenhado pela bacia do rio Níger, cujas águas disponi-

52 HISTÓRIA DA ÁFRICA

bilizam os recursos para as atividades principais desenvolvidas há milênios pelas populações. A nascente do Níger situa-se nos montes Tingi, na fronteira entre a Guiné e Serra Leoa. Dali ele corre para o norte, irrigando a faixa desértica situada ao sul do deserto do Sahel e do Saara, alargando-se em vários pequenos afluentes e assumindo a forma de um grande delta até as proximidades da cidade de Tombuctu, onde volta a correr num único leito. Depois, o seu curso faz uma grande curva para o sudeste, através da Nigéria, para ir desaguar no Atlântico, num percurso total de 4.200 km.

Os montes Tingi, em sua nascente, são uma das mais antigas superfícies sólidas do mundo, de cuja erosão provém resíduos minerais importantíssimos, como ferro, alumínio, diamantes e ouro. Quando suas águas começam a subir, em setembro, e alagam a paisagem ressequida do delta, levam consigo matéria orgânica liberada pela decomposição da vegetação, que é fundamental para a agricultura do arroz africano, painço e sorgo. Suas águas abastecem os rebanhos de bovinos e fornecem ampla quantidade de peixe. São essas as fontes de abastecimento das populações sudanesas até os dias de hoje.

O mais antigo Estado negro organizado com ampla área de dominação política e econômica desenvolveu-se em territórios do sul da Mauritânia, Senegal e Mali, e recebe o nome de Gana. Fundado no século IV, sua história permanece na mais completa obscuridade até o século VIII. O núcleo desse Estado formou-se entre os povos soninkê, e depois englobou muitos outros. No começo, *Gana* era o título atribuído ao governante que impunha sua soberania aos povos dominados. O termo equivalia a "rei" ou "sultão", conforme nos informa o já mencionado geógrafo muçulmano al-Bakri.

Mas é melhor evitar estabelecer associações diretas entre títulos atribuídos a governantes de Estados tão distintos como os Estados cristãos (reis) e muçulmanos (sultões). No primeiro caso, a autoridade do governante provém da guerra, da capacidade de aplicação da justiça e do ideário cristão. No outro caso, o sultão, autoridade de governo, é eminentemente profana, secular, sem base de sustentação religiosa. Quanto ao Gana, sua legitimidade provinha do fato de ser o representante maior dos costumes ancestrais e o protetor dos ritos dedicados às entidades de culto. A isso se somava o reconhecimento da autoridade pessoal, o poder militar e as relações de parentesco com os governantes da área sob sua influência.

O período de esplendor de Gana situa-se após o ano de 790, quando o poder esteve sob o controle de uma dinastia fundada por Kaya Maghan Cissê, a dinastia dos Cissê Tunkara. Ao que tudo indica, a sucessão se fazia não em linha masculina, mas em linha feminina, prevalecendo o costume da matrilinearidade, com os sobrinhos sucedendo aos tios.

Nos séculos IX ao XI, a hegemonia do Gana era reconhecida pelos governantes de Tekrur, Bagana, Ualata, Gumbou, Sosso, Sokolo, Sala, Berissa e as duas chefaturas de Do (Dodugu e Melel, que evoluiria depois para o Estado do Mali). Também controlava as áreas de Galam, Falemé e Bambuk, onde se encontravam as principais jazidas de ouro da África Ocidental. Sua influência se estendia para o Norte até o Hodh e o Tagant, para o Leste até o Níger, e para o Sul até a região de Baoulé.

A autoridade de Gana irradiava a partir de uma cidade situada ao sul da atual República da Mauritânia. Abandonada durante vários séculos, ela foi reencontrada em 1914, durante o período de ocupação francesa, por uma expedição arqueológica liderada por Bonnel de Mezières. Quando este indagou aos nativos sobre a cidade, foi levado até um local onde subsistiam fundações em pedra que as populações locais designavam de Kumbi Saleh, que significa "Kumbi, a santa".

Ao que parece, havia em Kumbi Saleh duas áreas distintas, ligadas por uma grande avenida. Uma delas era reservada ao complexo do palácio real, feito em pedra, e era cercada por habitações feitas de barro e com teto cônico de palha e por uma muralha feita de barro e madeira. A outra área era reservada aos mercadores muçulmanos estabelecidos no local, com habitações e mesquita.

Tudo indica que os soberanos de Gana tinham a seu mando um grupo de servidores diversificado. Dele faziam parte pessoas indicadas para atuar nos territórios conquistados, indivíduos encarregados de fazer manter a justiça, controlar o tesouro acumulado, intérpretes e serviçais palacianos, responsáveis por guardar suas armas, preparar sua comida e sua bebida. É muito provável que os sacerdotes, encarregados dos rituais

54 HISTÓRIA DA ÁFRICA

tradicionais, desempenhassem algum papel no palácio porque desde a origem haviam cultos palacianos dedicados a entes sagrados. Os escritores muçulmanos fazem alusão ao culto de uma divindade-serpente de Wagadu (Wagadu-ida), antepassado-totem dos Cissê. Segundo um antigo mito, no dia da entronização de cada governante, a mais bela jovem devia ser entregue à divindade-serpente em sacrifício.

A exteriorização do poder do *Gana* ocorria em sessões públicas de distribuição de justiça, descritas em detalhe por al-Bakri. Nessas ocasiões, ele se sentava num grande estrado, cercado por cavalos com arreios de ouro e protegido por um corpo de guardas armados com escudo e espadas. Todas as pessoas presentes acomodavam-se no chão, mais próximas ou mais distantes dele, de acordo com a posição e o prestígio.

A base econômica de poder era a tributação imposta aos povos vencidos ou que reconheciam sua hegemonia, e a tributação imposta aos produtos que circulavam nos domínios sob sua influência. Além das atividades de subsistência associadas à agricultura, pesca e pecuária, um contínuo fluxo comercial articulava os negociantes saarianos e subsaarianos.

Do Norte provinham o cobre, os búzios (muito apreciados e que recebiam o nome de *cauris*), tecidos de algodão e de seda, figos e o sal das minas de Tagaza e de Bilma. Eram trocados por marfim, escravos e ouro. Dizem os cronistas e informantes muçulmanos que era recolhido o equivalente a um dinar (moeda muçulmana) para cada asno carregado de sal que entrasse nos domínios de Gana, e dois dinares para cada um que saísse. Da exploração aurífera, o soberano ficava com as pepitas e os mineradores, com o ouro em pó. Havia também taxação sobre a circulação do cobre.

A hegemonia de Gana era disputada pelos povos berberes e pelos tuaregues do Saara, que pretendiam assumir o controle das rotas transaarianas. Do ponto de vista militar, Gana dispunha de um poderoso exército formado pelos povos subjugados ou aliados, composto de arqueiros e lanceiros. Dizem os cronistas e viajantes que o número de guerreiros era algo em torno de 200 mil indivíduos, o que parece ser um exagero e deve servir apenas como referência do potencial militar colocado à disposição dos governantes.

O declínio de Gana ocorreu a partir da segunda metade do século XI e está associado à sua derrota diante das tropas de cavaleiros e cameleiros muçulmanos provenientes do Marrocos, em luta contra os "infiéis" e pagãos, entre os quais os negros idólatras de Gana. Partindo de Sijilmassa e de Marrakech, os guerreiros se lançaram contra os principais núcleos de poder de Gana: Awdagost foi atacada em 1054; Kumbi Saleh caiu em 1076 e nunca mais recuperou sua posição de centralidade. Tal declínio facilitou a difusão do islã entre os povos da África Ocidental.

O ANTIGO MALI

O enfraquecimento da autoridade de Gana abriu um longo período de disputas de influência entre Estados menores tributários, que, ao longo do século XII, afirmaram-se como poderes paralelos e independentes. Entre eles estava o Estado formado pelos povos sosso, de etnia soninkê, que remontava ao século VIII e era controlado por uma linhagem de governantes provenientes de Wagadu. Impondo-se pelas armas, seus soberanos conseguiram estender a autoridade ao norte, no Beleledugu, e no sul, em Bagana e Diaga. Disputavam com as poderosas chefaturas de Doukouré, Boukounou e Niakaté, e com o antigo reino do Tekrur.

No início do século XIII, a hegemonia dos sossos foi alcançada durante o governo de Sumaoro Kante (1200-1235), que se impôs como conquistador de Gana em 1203. Seria, contudo, derrotado em 1235 por uma coligação de povos mandingas sob a chefia de Sundjata Keita na Batalha de Kirina, que é o acontecimento fundador do Estado unificado do Mali.

O antigo Mali foi criado por diversos povos aparentados que viviam na região situada entre o rio Senegal e o rio Níger. Os mais importantes deles eram conhecidos como os mandingas (ou malinquês, ou manden). É provável que eles tenham conhecido o islã no século XI. A partir de 1150, começam a surgir notícias muito vagas sobre alguns de seus governantes que realizaram a peregrinação a Meca, como ocorreu com Djigui Bilali (1175-1200), Mussa Keita e Naré Famaghan (1218-1230). O filho desse último, Sundjata Keita (1230-1255), estendeu a influência do Mali às

56 HISTÓRIA DA ÁFRICA

unidades políticas menores da vizinhança, lançando as bases de um Estado unificado que se manteria hegemônico até a metade do século XV.

A hegemonia do Mali se estendia por toda a África Ocidental e se devia a diversos fatores:

- do ponto de vista militar, controlava um poderoso exército composto de arqueiros, lanceiros e cavaleiros;
- do ponto de vista econômico, controlava as áreas de extração do ouro, que lhe garantiu posição de destaque na circulação das caravanas transaarianas;
- do ponto de vista político, criou e manteve uma estrutura administrativa eficiente, com representantes nas áreas sob domínio mandinga, chamados *farba*, e jurisconsultos e homens da lei, chamados *cadi*.

Integrado por diversos povos além dos mandingas, como os soninkês, fulas, dogons, sossos e bozos, o Mali evoluiu para uma condição que o aproximava de um império, na medida em que exercia sua hegemonia, impondo-se militarmente, e extraía tributos dos povos vencidos. Era constituído de núcleos distintos de tribos, chefaturas e pequenos reinos locais. Havia duas categorias de províncias: as aliadas, cujos chefes conservavam seus títulos (caso de Gana e Nima) e as conquistadas, em que, ao lado dos chefes tradicionais, era destacado um representante direto do *mansa*.

O controle era, direta ou indiretamente, estabelecido por um poder central, representado na figura do governante, designado pelo termo *mansa*. Este era tido como o líder supremo, o executor das decisões coletivas e o aplicador da justiça. Residia na cidade de Niani, situada ao norte da atual República da Guiné.

O mansa era o representante máximo dos costumes ancestrais da comunidade, e mesmo que em sua corte alguns tivessem adotado a crença muçulmana, a população continuava a praticar seus ritos e cultos tradicionais, politeístas. Havia na corte espaço para os eruditos das mesquitas, conhecedores do Corão e da lei corânica, e espaço para os *djeli*, ou *griots*, os conhecedores e transmissores dos costumes seculares próprios das populações locais.

O apogeu da Dinastia Keita ocorreu durante o século XIV, no governo de Kankan Mussa (1307-1332). Ele consolidou as bases administrativas nos domínios já existentes e ampliou a área de influência do "império", com o apoio de tropas disciplinadas de ocupação. Seguidor do Corão, mansa Mussa cumpriu a obrigação da peregrinação a Meca em 1324-1325, transformando o evento numa estratégia de afirmação de poder ao divulgar no exterior a importância de seu Estado. Percebera o isolamento do Mali, sua posição marginal frente ao mundo islâmico, e procurou dar-lhe maior visibilidade e ampliar sua rede de contatos comerciais e culturais.

No retorno da peregrinação, mansa Mussa trouxe sábios, poetas e conhecedores da lei muçulmana para ensinar nas madrassas, isto é, as escolas corânicas, sobretudo nas cidades de Tombuctu e Djenné. Mandou erguer edifícios religiosos e palácios, inaugurando o estilo de arquitetura sudanesa que se mantém até a atualidade. As construções, feitas com argila, têm portas e aberturas decoradas com motivos de inspiração muçulmana, com arabescos deslumbrantes. Um dos mais belos templos construídos neste estilo, a Grande Mesquisa de Djenne, foi classificado pela Unesco como patrimônio histórico da humanidade.

A partir da segunda metade do século XIV, o império do Mali entrou num lento processo de enfraquecimento, devido às dificuldades de manter por muito tempo área de influência tão vasta. Já no período de governo de mansa Maghan (1332-1336), Tombuctu foi atacada pelos povos mossis, oriundos do atual Burkina Faso. Sob governo do mansa Suleiman (1340-1360), o prestígio foi restituído, mas ele teve que enfrentar diversas rebeliões locais e mesmo algumas sedições no palácio.

A soberania do Mali se manteve junto aos chefes tuaregue de Takkada e dos montes de Air até o início do século XV, mas seu poder foi irregularmente exercido, dependendo da capacidade pessoal de influência dos últimos integrantes da Dinastia Keita. O sucessor de Suleiman, chamado Mari Djata, morreu vitimado pela "doença do sono", transmitida pela mosca tsé-tsé, em 1374. Depois dele, mansa Mussa II (1374-1387) perdeu o controle do governo para seus ministros, que o mantiveram encerrado no palácio enquanto lideravam eles próprios exércitos contra os tuaregues. Sucederam rivalidades palacianas resolvidas muitas vezes com assassinatos que contribuíram para diminuir ainda mais a autoridade dos últimos mansas.

Em parte, tais rivalidades foram estimuladas por uma lenta mudança nas regras de sucessão da elite mandinga. Como já se disse, em muitas partes da África vigorava o costume da sucessão em linha matrilinear, e às vezes, como ocorria no Mali, a sucessão se fazia de modo colateral, isto é, do irmão mais velho para o irmão mais novo. Com a difusão lenta e gradual do islã, esse princípio começou a entrar em conflito com o princípio de sucessão em linha patrilinear, masculina, sustentado pelos especialistas em direito corânico. A médio e longo prazo, portanto, os costumes muçulmanos alteravam aspectos essenciais da tradição africana.

Mas, na prática, o enfraquecimento do Mali deveu-se ao aparecimento de novos poderes no cenário político da África Ocidental. Entre 1480 e 1514, ao norte, no Senegal, os povos fulas ampliaram sua rede de relações e alcançaram vitórias militares significativas, expandindo-se para a região do Futa Toro, impondo-se na Senegâmbia, na região de Futa Djalon e do Bondu, que pertenciam antes ao Mali. Pela mesma época, formava-se na cidade de Gao o Estado Songai, que se tornou a mais importante unidade política da bacia do rio Níger e conquistou as mais poderosas cidades mandingas.

Nos séculos XVI e XVII, o Mali conservou sua autonomia e gozava ainda de certa ascendência simbólica sobre outros Estados de origem mandinga, mas o tempo de sua supremacia tinha passado.

O IMPÉRIO SONGAI

Situada nas proximidades da curva do rio Níger, a cidade de Gao desde cedo destacava-se como centro comercial, político e econômico. Sua força militar provinha dos lanceiros e arqueiros que se deslocavam em pirogas – embarcação feita de um tronco de árvore – que subiam e desciam o grande rio Níger. Até o fim do século XIV, Gao permaneceu sob o controle de um farba, na esfera de poder dos mansas do Mali. Aos poucos, esses representantes locais assumiram a iniciativa nos combates contra os tuaregues, resistiram aos ataques dos mossis e dos fulas, até que na metade do século XV tomaram Tombuctu – núcleo importante do islã subsaariano e porta de entrada do comércio transaariano.

A expansão militar e formação do "império" songai ocorreu na segunda metade do século XV e deveu-se ao extraordinário processo de expansão militar liderado pelo conquistador Sonni Ali (1464-1493), lembrado pelo nome de Ali Ber (o Grande). Foi sob suas ordens que os povos de origem songai tomaram Tombuctu (1468) e Djenné, venceram os fulas e os tuaregues e se estabeleceram em Ualata, na região de Bandiagara e no Dendi, até Bariba e Gurma.

Implacável contra os adversários e excelente estrategista, Sonni Ali manteve-se até o fim da vida ligado às práticas religiosas politeístas típicas da população sudanesa, o que lhe valeu a oposição dos letrados muçulmanos das cidades do Estado nascente, que o trataram como tirano sanguinário, ímpio e opressor.

Após a morte de Sonni Ali, o controle do vasto domínio conquistado passou para Muhhamad Torodo, um de seus generais, que tomou o poder com o apoio dos letrados muçulmanos, os ulemás, sob o nome de Askiya Muhammad (1493-1538).

Aproveitando-se da estrutura administrativa existente desde o tempo do predomínio do Mali, os governantes do Estado Songai aprimoraram-na, adaptando-a ao modelo de Estado e de governo muçulmanos. Na medida em que os Estados foram se sucedendo numa mesma área de abrangência, incorporaram os elementos das formações estatais anteriores. Assim ocorreu com o Mali em relação a Gana, e com o Songai em relação ao Mali.

Durante o reinado do Askiya Dawud (1549-1583), o império songai conheceu o apogeu, prosperando do ponto de vista econômico e ganhando notoriedade do ponto de vista intelectual.

Os soberanos dispunham de um grupo de funcionários que atuavam como comissários nas províncias. Com o controle sobre as principais cidades e pontos de passagem do comércio transaariano, cabia aos funcionários dos askiyas – nome dado aos governantes songai – realizar as mais diversas funções nos centros de comércio e regularizar as práticas de negócio de modo a

60 HISTÓRIA DA ÁFRICA

lhes conferir maior uniformidade. Eles policiavam os mercados, coletavam impostos e inspecionavam os pontos de entrada e saída de mercadorias. O ouro, o sal e os cauris (búzios) serviam de referência de troca e, para evitar fraudes, os askiyas procederam a uma unificação de pesos e medidas.

Além dos impostos extraídos por essa espécie de "burocracia", outras fontes de renda provinham das propriedades dos soberanos, dos tributos recolhidos sobre as colheitas, de taxas e direitos alfandegários sobre os produtos comercializados.

Com um comércio bem organizado e um sistema de governo mais coeso do que os Estados que o antecederam, o Estado Songai alcançou uma extensão territorial que integrava o litoral atlântico, o sul do Saara, o Sahel, as savanas e se estendia na direção a leste. Para tanto, os askiyas dispunham de uma vasta guarda pessoal e de um exército profissional, dividido em vários corpos que se encontravam repartidos entre as províncias. Os guerreiros usavam lanças, setas com pontas envenenadas e sabres. Uma parte das tropas era composta por guerreiros que utilizavam couraças com cotas de malha e elmos de latão.

A área dominada pelo Songai era dirigida por askiyas e por um conselho de ministros designados pelos governantes, chamados de koy ou fari, que congregava em torno de si o prestígio reservado nas sociedades africanas aos grupos de anciãos.

A presença do islã, por mais importante que fosse, não impediu que adivinhos e sacerdotes animistas fizessem parte da corte e detivessem o privilégio de, só eles, se dirigirem diretamente ao governante, chamando-o pelo nome. Entre os conselheiros, havia o dendi-fari, a quem cabia aconselhar o soberano, o hi-koy, que controlava as atividades fluviais, o fari-mondyo, responsável pelos cobradores de impostos, e o horé-farina, o grande sacerdote a quem estava reservada a organização do culto aos ancestrais e dos espíritos. Como se vê, seria preciso bem mais tempo para que a difusão do islã conseguisse eliminar a presença dos ritos politeístas na sociedade sudanesa, se é que conseguiu isso algum dia.

Em resumo, na composição social do Estado Songai, o que se pode perceber é a existência de uma divisão entre uma elite e a população em geral. As cidades mais influentes do Estado, como Tombuctu, Djenné, Gao e Ualata, estavam sob controle de mercadores enriquecidos com o comércio saariano e de letrados muçulmanos. Enquanto isso, a população das áreas rurais, camponeses, pescadores e pastores, mantinha-se ligada aos seus costumes ancestrais.

De todas as cidades, Tombuctu destacou-se como a mais brilhante devido ao renome dos sábios que ensinavam nas escolas corânicas. Para lá se dirigiam homens com boa formação em teologia, astronomia, matemática, literatura e poesia, originários do próprio Sudão ou do Marrocos e do Egito. Foram esses eruditos, entre os quais al-Sadi e Mahmud Kati, que redigiram as primeiras crônicas com os relatos históricos dos povos da bacia do Níger nos séculos XVI e XVII. O mais influente dos sábios de Tombuctu chamava-se Ahmed Baba, viveu entre 1556 e 1627, escreveu cerca de 40 livros e se mantém até hoje como referência de autoridade para os chefes religiosos locais.

Mas a soberania do Estado Songai era ameaçada por povos vizinhos, como os mossis, e pelos sultões do Marrocos, que lhe disputavam o controle das rotas do comércio transaariano e das preciosas minas de sal. A crescente rivalidade tinha como foco principal as minas de Tagaza, que eram as mais importantes. Foi esse o motivo pelo qual, após diversas escaramuças, os marroquinos organizaram um poderoso exército, em 1591, que dispunha de uma inovação técnica: a presença de armas de fogo, de arcabuzes comprados dos europeus. O exército songai foi derrotado na Batalha de Tondibi, localidade situada nas proximidades de Tombuctu.

Embora a influência marroquina não tenha se estendido além de Tombuctu, o Songai não conseguiu se recuperar da derrota. Era o fim do longo período de florescimento social, político e econômico dos antigos estados da África Subsaariana, jamais recuperado em sua dimensão original.

OS ESTADOS HAUÇÁ

Também no Sudão Central, as rotas transaarianas articularam as relações históricas de Estados e sociedades vinculados ao comércio de longa

62 HISTÓRIA DA ÁFRICA

distância. São nessas localidades que se encontram as origens de diversas comunidades muito antigas, que atualmente fazem parte do Chade, Níger e Nigéria. Trata-se de comunidades autônomas, existentes desde pelo menos o século XII, que se organizaram na forma de pequenas cidades-estados ao redor de vias comerciais de ligação dos mercadores que transitavam entre a floresta, a savana e o deserto, até Trípoli, Cairo e Darfur.

Os povos que habitavam essas comunidades são antepassados dos atuais hauçás. Sua trajetória histórica oscilou entre a vida autônoma e a rivalidade com as cidades vizinhas, e entre a resistência em face do avanço militar dos poderosos Estados, fosse o Songai a oeste ou o Kanem-Bornu a leste.

De acordo com a tradição oral, uma rainha chamada Daurama, cujo povo via-se ameaçado por uma terrível serpente, teve o reino salvo por um aventureiro, Abu Yezid, ou Bayajidda. O filho desse estrangeiro, chamado Bawa, ou Bagoda, e os seus seis filhos teriam sido os fundadores das sete cidades-estados hauçá: Kano, Daura, Gobir, Katsina, Zaria, Biran e Rano. A elas se juntaram depois outras comunidades menos importantes, como Kororofa, Ilorin, Nupe, Zamfara e Kebbi. É provável que os hauçás tenham vindo do norte, dos planaltos do Air, Kawar e Tibesti, no mundo saariano, talvez empurrados pelos tuaregues. Mesclaram-se às populações autóctones, como os saos, para desenvolver coletividades com notável papel no comércio e no artesanato.

Governadas por reis, algumas dessas cidades-estados apresentavam uma particularidade digna de nota: os governantes eram eleitos por um conselho de notáveis, e o poder efetivo cabia a uma espécie de primeiro-ministro ou vizir, o galadima, que atuava junto com os chefes dos guerreiros, os líderes religiosos muçulmanos (cádis) e os jurisconsultos, além do pessoal do palácio. O islã começou a ser implantado nas cortes dos governantes hauçá e se refletiu a partir dos séculos XIV e XV no estilo de vestimenta adotado pela população e no uso do véu pelas mulheres.

As antigas cidades nigerianas apresentavam diversos traços de originalidade em sua composição social e em sua caracterização como comunidades urbanas populosas, pois contavam em média entre 30 mil e 60 mil habitantes.

O EIXO TRANSAARIANO 63

Do ponto de vista de sua estruturação, encontravam-se articuladas perfeitamente bem com as aldeias que as circundavam, e suas fortalezas e habitações maiores funcionavam como pontos de defesa.

A maior e mais importante delas, Kano, rivalizava com a cidade de Gao, do Songai, e era ponto de passagem obrigatório de caravaneiros, religiosos e sábios, como o erudito de Tombuctu El Hadj Ahmed, que nela permaneceu alguns dias durante sua peregrinação à Meca, em 1485. Cercada por uma muralha de 5 metros de altura, em seu interior estava o palácio dos chefes locais, mesquitas, mercados de trocas e cemitério. Em 1587, sua população era de cerca de 70 mil habitantes, distribuídos em seus 137 quarteirões, alguns dos quais abrigavam comerciantes e artesãos de origem fula, berberes, mandingas e mesmo árabes.

O principal Estado composto pelos hauçás situava-se no atual Chade, e suas origens remontam ao século IX. Ao que tudo indica, o islã foi introduzido no século XI entre a elite do reino de Kanem, pelas mesmas vias (o comércio transaariano) e pelos mesmos agentes (os conhecedores do Corão que acompanhavam as caravanas).

Tal qual ocorrera no Mali e no Estado Songai, também em Kanem a doutrina islâmica permaneceu na superfície e precisou de mais tempo para penetrar nas consciências, tendo que conviver lado a lado com os costumes tradicionais de matriz propriamente africana. Sabe-se que um dos atributos dos maís, seus governantes máximos, era o de serem os guardiões de um poderoso fetiche chamado muné ou moni. De acordo com as tradições orais, esse fetiche seria o espírito dos antepassados, projetado numa efígie de carneiro.

Quanto às relações políticas com os demais povos, a posição do reino de Kanem variava entre a cordialidade e a imposição militar. Foi assim que, por ocasião da ascensão da dinastia dos hafsidas, na Tunísia, Dunama II (1221-1259) enviou como presente uma girafa, acontecimento que causou grande sensação na corte dos governantes magrebinos. Com povos vizinhos belicosos, como os bulalas e os tuaregues, sucediam-se confrontos militares, e os maís estenderam sua autoridade até as minas de sal de Bilma e o Planalto do Tibesti.

No século XIV, sob Omar ibn Idris (1384-1388), a sede do governo se deslocou de Kanem para a cidade de Gaga, no Bornu. Abria-se, desse modo, a longa trajetória histórica do Kanem-Bornu, que subsistiria até o século XVIII, quando foi incorporado ao Estado formado pelo reformador Osman Dan Fodio, um dos principais líderes da história da Nigéria. Trataremos desse assunto adiante, no capítulo "A condição colonial".

Em síntese, é possível identificar na constituição e desenvolvimento dos Estados africanos antigos os seguintes elementos:

- Eram Estados sem unidade territorial, de modo que poder e influência dependiam da extensão da autoridade pessoal dos governantes, mediante alianças, negociações e conquistas militares.
- Eram Estados de tipo monárquico, governados por linhagens cuja forma de sucessão oscilava entre o princípio matrilinear e patrilinear.
- Eram Estados tributários, com servidores palacianos e exércitos mantidos com recursos provenientes de impostos cobrados aos povos conquistados.
- Eram Estados multiétnicos e multiculturais, influenciados pelo modelo social islâmico, mas estruturados nos costumes e rituais tradicionais.

O "PAÍS DO OURO"

Tanto os escritores muçulmanos quanto alguns escritores cristãos que viveram antes do século XVI difundiram a ideia de que havia na África incríveis fontes de metais preciosos, a ponto de toda a região situada abaixo do Saara ter sido identificada muitas vezes pela expressão "país do ouro". Os textos muçulmanos escritos entre os séculos X e XII repetem imagens fantasiosas de fontes auríferas inesgotáveis.

A miragem do ouro esteve associada ao fausto e esplendor dos governantes de Gana. Os escritos de al-Bakri contribuíram muitíssimo para isso ao descrever em detalhes, parcialmente imaginados, a magnificência de Kaya Maghan, o "senhor do ouro". Na metade do século XII, o geógrafo al-Idrisi foi mais longe, informando em seu conhecido livro intitulado *Kitab Rutjar* (*Livro de Rogério*), que havia no palácio do Gana um bloco de ouro que pesava 30 libras, isto é, o equivalente a cerca de 13,5 quilos!

Nos séculos posteriores ao XIV, a miragem do ouro recaiu na figura dos mansas do Mali e eternizou a figura de Kankan Mussa, o mais pródigo e o mais rico dos governantes subsaarianos, e sua extraordinária peregrinação até Meca. Segundo o cronista egípcio al-Umari, após sua passagem pelo Cairo e sua enorme prodigalidade, a enxurrada do ouro que circulou pela cidade provocou uma inflação sem precedentes, fazendo cair o valor do metal amarelo. E mais de trezentos anos depois, o sábio al-Sadi registrava em seu *Tarikh al-Sudan* que, na viagem, ele teria sido acompanhado por um cortejo e forças consideráveis, cujo número de pessoas se elevava a mais de 60 mil, entre os quais 500 escravos, cada um levando em mãos uma pepita equivalente a 500 meticais (moeda muçulmana) de ouro. Na Europa, ele aparece num mapa desenhado em 1375, o *Atlas Catalan*, de Abrahan Cresques, vestido como um rei europeu e segurando nas mãos uma enorme pepita de ouro.

De fato, havia na África Ocidental importantes jazidas minerais onde se podia encontrar grande quantidade de ouro, e sua exploração ocorre de forma sistemática até o presente. Desde os tempos mais recuados dos Estados africanos, o controle sobre áreas em que se encontravam jazidas, em minas ou nos aluviões dos rios, garantia a estabilidade econômica dos governantes.

Essas áreas podiam estar situadas nas bacias dos rios Níger, Falemé e do Gâmbia; na região do alto Senegal e da Nigéria, em Bambuk; na região mandinga do Lobi, Gouronsi, em Kippirsi e no país Bobo; na Costa do Marfim, nos rios Sanwy, Alangona, Indenié, Assikasso, Bonduku, Baoulé; e na Guiné, na região do Burém e Siéké.

A extração do ouro se fazia de acordo com os costumes ancestrais, segundo ritos, muitas vezes secretos, transmitidos de geração a geração. Nas jazidas de Bambuk, a exploração mineral estava a cargo de um grupo de indivíduos cuja função denominava-se *jala dia*, transmitida hereditariamente no interior de determinadas linhagens de prestígio. O trabalho era realizado em determinados períodos, e as equipes de mineradores estavam organizadas de acordo com suas ligações com as famílias principais. Trabalhavam sobre a supervisão do *damatigi*, o "chefe da mina", e velavam para manter o equilíbrio entre tarefas reservadas aos homens e tarefas reservadas às mulheres.

Nas minas, o trabalho era realizado por equipes de 3 a 5 homens, responsáveis por escavar a terra, sob a autoridade de um deles; e contavam também com mulheres, encarregadas da lavagem e separação das pepitas ou do pó, e com crianças, que carregavam e jogavam fora a terra.

A exploração do ouro estimulou, por sua vez, o desenvolvimento de uma rede de contatos comerciais muito extensa que ligava as principais fontes de exploração mineral e colocava em circulação produtos valorizados pelas populações. Praticado desde tempo muito remoto, esse comércio aparece registrado em narrativas que remontam ao século XIV, e os mercadores do ouro recebem o nome de *wangara*. Eram grupos de caravaneiros de origem mandinga, adeptos do islã, que frequentavam as cidades hauçá e os territórios do Kanem-Bornu e do Borgu trocando ouro por sal e escravos, mas também por tecidos, cavalos, espadas e noz-de-cola – que era um produto muito apreciado em toda a África Subsaariana.

A instalação de fortes e postos comerciais europeus na costa da Guiné a partir da segunda metade do século XV não bloqueou nem eliminou essa rede comercial africana preexistente, mas parece ter se beneficiado dela. É provável que os mercadores, os wangaras, tenham mantido contato com o forte português de São Jorge da Mina nos séculos XV e XVI e com os negociantes ingleses e franceses nos séculos posteriores. Suas atividades continuaram a ter significativa importância até o início do século XX, quando foram desarticuladas na época da colonização europeia. Ocasionalmente, o comércio caravaneiro persiste até os dias atuais na Nigéria.

Com os mercadores wangaras, completa-se um amplo e rico painel no cenário histórico da África Subsaariana antes dos tempos modernos, talvez o período mais dinâmico e original dessa parte do continente. Tempo de formação e consolidação de Estados e formações sociais complexas, de diversificação e hierarquização dos povos que a habitaram. Um tempo em que os africanos, pouco afetados pelas influências externas, eram senhores de sua história.

SUGESTÕES DE LEITURA

NIANE, Djibril Tamsir. *Le Soudan occidental au temps des grandes empires*: XI-XVI siècles. Paris: Presence Africaine, 1975.
Visão de conjunto dos elementos essenciais presentes nos reinos de Gana, Mali e Songai. O autor, nascido na República da Guiné, é um dos maiores especialistas da história dos povos de tradição mandinga. No livro, merecem destaque as formas de organização social, o desenvolvimento das cidades e da cultura material num dos períodos decisivos da história política africana.

QUIGLEY, Mary. *Ancient West African Kingdoms*: Ghana, Mali and Songhai. Chicago, Illinois: Heinemann Library, 2002.
Obra de caráter didático, linear e esquemática, sobre as três mais importantes formações estatais e sociais da África Ocidental antiga. Dedica especial atenção aos aspectos culturais e artísticos legados por essas civilizações. Contém ilustrações de ótima qualidade gráfica, com fotografias de manuscritos, da arquitetura, da estatuária e cerâmica produzidas no Vale do Níger.

DELAFOSSE, Maurice. *Haut-Sénégal-Niger (Soudan Français)*. Paris: Émile Larose, 1912, 3 v.
Redigida durante o período de colonização europeia, a obra constitui o primeiro estudo sistemático das civilizações e sociedades sudaneses antigas. O autor foi genro de um dos governadores da África Ocidental francesa, e alto funcionário da administração colonial, tornando-se especialista em assuntos africanos. Não obstante a intervenção na narrativa de alguns lugares-comuns do período, como arabista Delafosse teve amplo acesso aos documentos muçulmanos produzidos no Sudão antigo, e o resultado é um quadro histórico que põe em evidência a grandeza do passado africano.

IGUÉ, John. *Les Villes précoloniales d'Afrique noire*. Paris: Karthala, 2008.
Obra geral sobre o papel histórico das cidades africanas antigas. Apresenta uma vasta tipologia das formações urbanas, a partir das funções principais desempenhadas pelas comunidades. Contém dados essenciais a respeito da constituição das cidades do Sudão Ocidental e Central, sobretudo as cidades hauçá da atual Nigéria e as cidades iorubá.

CISSOKO, Sekéné Mody. *Tombouctou et l'Empire Songhay*. Paris: L'Harmattan, 1996.
Destacado pesquisador senegalês do Institut Fondamental de l'Afrique Noire, o autor dedica a obra ao estudo do papel estruturante dos eruditos muçulmanos da cidade de Tombuctu na organização do Estado songai, e a consequente influência político-social que exerceram nele.

LAROUI, Abdallah. *Historia del Magreb*: desde los orígenes hasta el despertar magrebí. Un ensayo interpretativo. Madrid: Mapfre, 1994.
Síntese histórica da evolução dos povos da África no Norte elaborada pelo mais conhecido e competente historiador do Marrocos. Centrada na evolução dos Estados e sociedades berberes, a obra enfatiza a unidade magrebina, que resultaria de uma longuíssima simbiose entre os povos do deserto e os sistemas de valor provenientes do islã.

BRÉGAND, Denise. *Commerce caravanier et relations sociales au Bénin*: les wangara du Bourgou. Paris: L'Harmattan, 1998.
Estudo de antropologia dedicado às formas tradicionais de comércio na Nigéria. A autora, que leciona na Universidade de Paris, efetua extensa pesquisa documental sobre os desdobramentos sociais do grupo de mercadores de origem mandinga. Estudam-se as formas de

associação e organização da atividade comercial em moldes tradicionais, e sua excepcional resistência diante da implantação e supremacia dos modelos de comercialização modernos nos tempos da colonização europeia.

Cuoq, Joseph M. *Recueil des sources arabes concernant l'Afrique Occidentale*. Paris: CNRS, 1974. Repertório documental em que o autor selecionou e traduziu os trechos de autores muçulmanos que, nos séculos VIII a XVI, escreveram sobre geografia e história, com a descrição dos povos da África Ocidental. Na lista de escritores muçulmanos estão, entre outros, Ibn Hawkal, al-Bakri, al-Idrisi, al-Umari, Ibn Battuta e Ibn Khaldun. Trata-se de obra imprescindível para quem desejar ter acesso às fontes primárias escritas sobre os povos africanos anteriores aos contatos com os europeus.

O mundo atlântico

No período compreendido entre os séculos XVI e XIX, ocorreram mudanças estruturais para os povos africanos das regiões banhadas pelo oceano Atlântico, desde o litoral da Senegâmbia e o golfo da Guiné até a foz dos rios Zaire e Cuanza, na África Centro-Ocidental, e a região do Cabo, na África do Sul. Elas ocorreram devido a transformações no interior de suas formas de organização social e também no seu exterior, em razão dos contatos mais frequentes com mercadores e companhias comerciais de origem europeia que se estabeleceram em alguns pontos da costa com a finalidade de realizar o comércio. Esses contatos ganharam maior regularidade e importância e são o ponto de partida da dominação europeia sobre a África.

70 HISTÓRIA DA ÁFRICA

A progressiva inserção da África Ocidental na esfera de influência europeia liga-se ao desenvolvimento das práticas mercantilistas que orientavam o comércio das nações europeias pela busca de mercados fornecedores, matérias-primas e metais preciosos. Nessas práticas, sabemos bem, o objetivo era manter relações comerciais exclusivas, comprar matéria-prima barata e obter estoques de metal precioso, principalmente ouro.

Os contatos iniciais com a África Subsaariana ocorreram em meados do século XV, na expansão marítima promovida por portugueses e espanhóis que resultou no conhecimento e exploração dos territórios situados na África Ocidental e na América, às margens do oceano Atlântico, e na África Oriental, Índia e sudeste asiático, às margens do oceano Índico.

A partir de 1415 teve início a expansão marítima europeia, quando os portugueses conquistaram Ceuta aos marroquinos e deram início a um projeto de ocupação de territórios ao norte da África, e de exploração marítima a partir de um oceano até então praticamente não navegado, o Atlântico.

Nas décadas seguintes, a empresa marítima recebeu excepcional impulso sob a liderança do Infante Dom Henrique (1394-1460). Os marinheiros avançaram pelos mares rumo ao sul, estabelecendo-se nas ilhas de Madeira (1418) e Açores (1427), e disputaram com os castelhanos a posse das Canárias. Com a ultrapassagem, em 1434, de uma zona marítima de difícil navegação, o Cabo Bojador, alcançaram as áreas costeiras da África Subsaariana, atingindo as ilhas de Cabo Verde (1456), e entraram em contato com as populações da Senegâmbia.

Entre 1479 e 1484, portugueses e espanhóis disputaram entre si a primazia dos contatos com os povos da Costa da Guiné, onde foi construído o forte de São Jorge da Mina, e depois o forte de Acra e Arguim. Os portugueses continuaram a navegação mais para baixo até atingir a foz do rio Zaire, na região do Congo e do Ndongo. Com a ultrapassagem do Cabo das Tormentas (1488), ao extremo sul, completou-se a circum-navegação da África e o início da exploração do oceano Índico, conforme se viu no capítulo anterior.

O monopólio do comércio costeiro pelos portugueses era ameaçado pela ação de mercadores ou agentes a serviço de outros governos europeus, sobretudo holandeses, franceses e ingleses. O cenário tornou-se ainda mais complexo na passagem do século XVI e primeiras décadas do século XVII, quando, estando temporariamente incorporado ao governo espanhol no período filipino (1580-1640), Portugal e suas áreas de exploração ultramarinas foram atacados por inimigos do império espanhol provenientes da Holanda – tanto no Brasil (1629-1654), quando na África Central e na Ásia. Enfraquecidos, os portugueses perderam espaço na ocupação efetiva dos vastos espaços de seu império marítimo, enquanto franceses (1671), ingleses (1681) e holandeses (1682) passaram a manter relações comerciais regulares nos fortes edificados no golfo da Guiné.

Esta é a parte conhecida e supervalorizada da história, que trata das primeiras formas de exploração europeia na África. Mas e quanto aos africanos nesse mesmo contexto?

O certo é que os africanos dispunham de modelos sociais muito variados, de sociedades simples, organizadas em chefaturas, a sociedades complexas, denominadas pelos europeus de reinos e impérios. Conheciam formas específicas de hierarquização social, com divisão social do trabalho, instituições próprias de governo, produção e circulação de riquezas na agricultura, pecuária e artesanato, além de sistemas de troca e de representação de valor nos negócios de médio ou longo alcance, centros administrativos e religiosos bem estruturados.

Assim, neste capítulo serão estudados os aspectos essenciais das sociedades africanas abertas aos contatos através do Atlântico, com particular atenção às modificações pelas quais passaram devido a esses contatos.

SENEGAL E GOLFO DA GUINÉ

No território do atual Senegal, desde o fim do século XV e até o início do século XVIII, a hegemonia política era partilhada, e disputada, por unidades políticas desmembradas de um poderoso Estado que remontava ao século XIII, conhecido como Grão Jolof. Constituído por populações que falavam a língua wolof, a partir desse Estado surgiram os "reinos" de Kaior, Waloo, Sine, Salum e Baol. Embora mantendo contatos com mercadores e religiosos islâmicos, as elites dessas comunidades mantinham-se ligadas às práticas e aos costumes tradicionais, animistas, até que, em meados do século XVIII, o islã passou a ser imposto como religião oficial pelos almamys (líderes muçulmanos) do Baixo-Senegal.

A estrutura social dessas pequenas unidades políticas reproduzia a hierarquia já existente na época do Grão Jolof. No topo da pirâmide social estava um grupo reduzido de indivíduos pertencentes às altas linhagens (*garmi*) e o governante, identificado pelos designativos bur ou burma, que era escolhido por descendência matrilinear. Depois vinham os homens livres (*gêer dyambur*) e abaixo estavam os dependentes e agregados (*dyaqm*). No reino do Kaior, a linhagem governante do buurba Djolof era sustentada pela força de um grupo de servos do Estado, os tyeddos ou ceddos, que integravam sua guarda real, e o papel das rainhas (lingueres) era significativo.

No mesmo período, Guiné, Gâmbia e Casamance estavam sob o poder de um Estado denominado *kaabunke*. Não se tratava de um Estado centralizado, mas de uma confederação de povos de língua senegalo-guineense, mandinga e fula, que congregava indivíduos de origem wolof (jalofo), sèrèr, diula, bainuk, balanta, bijagó, pepel, biafada, nalé, entre outros. É provável que seu poder tenha começado a ser reconhecido ao longo do século XIV, durante a fase de expansão da hegemonia mandinga a partir do Mali.

Nos séculos XV a XVIII, esse território foi governado não por uma monarquia, mas por uma instituição representada pela associação dos chefes das principais linhagens de uma aristocracia militar (nyantio) com mercadores de origem mandinga (diula). O termo que designa esse tipo de poder é *mansaya*, palavra derivada de *mansa*, que, como se viu no capítulo anterior, era a denominação dos governantes tradicionais do Mali.

Foi esse tipo de poder não centralizado que manteve a autoridade política sob um extenso território durante período tão prolongado, defendendo a ordem e a hierarquia entre os grupos sociais, a existência da escravidão e o comércio de escravos através das rotas que levavam ao Saara e ao oceano Atlântico. O Kaabunké é um exemplo de como as formações sociais e estatais africanas dispunham de soluções singulares para se manter e se reproduzir ao longo do tempo. Aqui, as redes de relações e as redes de poder eram mais importantes do que os mecanismos administrativos e o controle de um Estado centralizado, distanciando-se, por exemplo, dos modelos de governo da Europa ou da Ásia.

No golfo da Guiné, desenvolveram-se instituições monárquicas que tenderam a formações estatais centralizadas e sociedades hierarquizadas entre povos da comunidade de língua iorubá. Essa era a forma de comunicação mais difundida em todo o sul da costa durante o século XVII e funcionava como uma língua franca entre povos dos grupos ibo, edo, fon, evhé, ajá e agajá, que ocuparam o sudeste das atuais repúblicas da Nigéria, Benin e Togo.

Suas origens confundem-se com a mitologia, remontam à fundação da cidade sagrada de Ifé, provavelmente no século XII, por Ododuwa, filho do preexistente e criador de todo o Universo, Olodumaré. Outro filho de Olodumaré, Okanbi, teria por sua vez gerado sete filhos, que vieram a ser os primeiros governantes dos "reinos" de Owu, Sabé, Popo, Ilé e Ketu, e sobretudo do Benin e de Oió. Considerada a fonte mística do poder e da legitimidade, Ifé continuou a ser o centro do mundo espiritual e o local de consagração dos governantes das comunidades que lhe sucederam. Seus governantes, designados pelo título de *oni*, representavam um tipo de poder religioso reconhecido pelos diversos povos que se estabeleceram em suas proximidades.

Na comunidade iorubá, o Estado mais poderoso tinha por sede a cidade de Benin, que se desenvolveu no território ocupado pelos povos edo a partir do século XII, e gozava de posição dominante sobre os demais vizinhos entre os séculos XIV a XVI. É provável que a instituição social de governo mais antiga entre os edo tenha sido representada pelos uzama nihinron, chefes das linhagens que ocupavam os bairros da cidade, e por personagens que desempenhavam papel administrativo, denominados ogiso.

No início, a sucessão no governo se fazia por eleição entre os chefes de linhagens, e os ogiso não dispunham de maior autoridade que seus pares. Esse modelo foi se modificando com o fortalecimento da autoridade dos governantes que passaram a ser denominados de oba. Estes restringiram a participação das linhagens tradicionais do uzama nihinron no governo, apoiando-se na fidelidade de um grupo emergente de servidores no palácio real.

No governo do oba Ewedo, entre 1260 e 1274, uma série de medidas administrativas ampliou a autoridade dos monarcas. Ele concedeu títulos aos servidores do palácio, que se tornaram agentes de consolidação do Estado; fortaleceu as bases militares, introduzindo o uso de cavalos em combate, aprimorando e distribuindo armas aos guerreiros, organizando melhor os contingentes e dando início a uma expansão militar nas áreas circunvizinhas da cidade de Ogodomigodo, sede do palácio, que passou a se chamar Ubini – de onde o nome Benin.

O oba mais influente, Eware, ascendeu ao poder em 1440, governando até 1474. Segundo a tradição, teria conquistado mais de duzentas cidades e aldeias, mandado construir fortalezas e estradas que conduziam até Benin, colocando fetiches – objeto ao qual se atribuem poderes mágicos – em cada uma das nove portas da cidade para defendê-la. Sob o governo de um de seus filhos, Ozolua, entre 1480-1504, a área de dominação do Benin se estendia desde a região de Lagos (Nigéria) até o Níger, para o norte, e até o oceano, para o sul.

Paralelamente ao Benin, e em disputa com ele pela ampliação de influência, emergiram no século XVI os povos evhés, na região do Togo, e embora não houvessem desenvolvido formas estatais de grande dimensão, dispunham de capacidade militar e de rígida organização social em clãs. E o grupo dos ajás, identificados nos textos portugueses pelo nome de ardras ou ardres. Oriundos do leste, eles se deslocaram para a costa, vencendo os autóctones e dando origem aos reinos de Porto Novo e do Daomé.

Data do século XVII o aparecimento de Abomé, ou Abomei, centro político e militar dos governantes daomeanos, que se tornaram os principais parceiros comerciais dos holandeses, franceses e ingleses no golfo da Guiné. A supremacia militar foi alcançada no longo reinado de Aho, também conhecido pelo nome de Wegbadja, que governou entre 1645 e 1685. Sua grande capacidade militar foi transferida para o Estado, que passou a ser organizado para a guerra. Auxiliado por ministros, como o *mehu*, por pessoal do palácio e por chefes de guerra, dispunha inclusive de um funcionário que atuava como mediador com os "brancos", o yevogan.

A VIDA NA CORTE DO REINO DE DAOMÉ
NO SÉCULO XVIII

Diversos mercadores europeus que realizaram negócios nos portos da Guiné deixaram relatos detalhados de suas experiências pessoais e dos povos com que mantiveram contatos. O comerciante inglês de escravos, Robert Norris, descreveu em detalhes o magnitude da corte do rei Tegbessu, sucessor de Agadjá, e os sinais de obediência demonstrados por seus súditos, durante a visita ao Daomé em 1772:

Preparei-me para a visita ao rei, mandando desembrulhar uma bela liteira e um órgão portátil que mandará vir de Juda (Uidá): enviei esses dois presentes ao palácio do rei [...].

[...] Ao chegar diante do rei, expliquei-lhe a maneira de utilizar a liteira, que disse ser mais cômoda que aquela espécie de padiola de que ele se servia habitualmente. Nessa altura, ele mandou chamar meia dúzia de servidores encarregados de o transportar, que se aproximaram caminhando de quatro; em obediência aos desejos do rei, entrei na liteira, ensinei-lhes como deviam proceder e eles foram experimentando, um a um. Nessa altura, o rei manifestou a vontade de passear também na liteira e deu várias voltas à corte, em meio aos gritos e aclamações dos ministros e de suas esposas. O coche era muito elegante: tinha assentos de marroquim vermelho e era forrado de seda branca. Ele ficou encantado e divertiu-se muito a abrir e a fechar as cortinas, que lhe pareceram uma invenção muito engenhosa; finalmente, no meio de uma grande euforia, mandou vir eunucos para substituir os homens que transportavam a padiola; a porta que dava para os seus aposentos foi aberta e ele mandou que o levassem até junto das suas mulheres, para que elas vissem o belo presente que acabara de receber.

> *[...] O rei sentou-se em meio aos gritos e aclamações do povo, debaixo da tenda, numa cadeira de braços muito bonita, coberta de veludo carmesim, e enfeitada com esculturas e dourados.*
>
> *Vi desfilar uma guarda de cento e vinte homens armados de grandes mosquetes e marchando aos pares; seguiam-lhe quinze filhas do rei, muito belas, acompanhadas de cinquenta escravas; depois delas, vinham, em ordem regular, umas atrás das outras, setecentas e trinta das suas esposas, transportando provisões e licores para um festim que iria realizar-se na praça do mercado. Eram seguidas de uma escolta de oitenta mulheres armadas, batendo em tambores. Nessa altura, foi posta uma mesa onde almocei enquanto a procissão continuava a passar. Vi aparecer seis batalhões de setenta mulheres cada um, à cabeça dos quais marchava, abrigada por um guarda-sol, uma favorita: impediram-me de vê-la tapando-a com o guarda-sol e com uma espécie de grandes escudos de couro, cobertos de seda vermelha e azul. Todas aquelas mulheres divertiam o rei com suas canções e danças, à medida que passavam. Nunca esperei ver tamanha variedade e tão grande profusão de tecidos de seda, de pulseiras de prata, de joias e corais, de colares valiosos e de ricos enfeites.*

Fonte: NORRIS, Robert. *Memoirs of the Reign of Bossa-Abadce; with an Account of a Journey to Abomey in 1772*. Apud COQUERY-VIDROVICH, Catherine. *A descoberta de África*. Lisboa: Edições 70, 2004, p. 148. (Lugar da História)

Os sucessos militares se sucederam no governo de Akaba, entre 1685 e 1708, que lançou ataques vitoriosos contra a gente de Uemé. Morreu de varíola no decorrer de uma de suas campanhas. Com Agadja, entre 1708-1732, o Daomé alcançou a posição de potência local, com a conquista de Alada, Savi e manteve sob controle o porto de Uidá – um dos mais importantes pontos de passagem do tráfico de escravos. A ligação desse governante com os europeus deu origem ao apelido pelo qual ficou identificado: Huito, isto é, "Aquele que segue os barcos". Até o fim do século XIX, o Daomé se colocaria no cenário internacional como fornecedor de cativos para o tráfico atlântico de escravos, até cair sob domínio francês em 1895.

O mais importante Estado da comunidade iorubá, todavia, chamava-se Oió, que na tradição oral teria sido fundado por Oranian, um dos filhos de Ododuwa, e sido governado pelo seu filho, Sangó ou Shango – venerado como divindade em toda a Costa do Benim, e perpetuado com nome de Xangô nas religiões tradicionais de matriz africana difundidas no Brasil.

No século XVI, a cidade de Oió (Old Oyo) estava sob o controle de governantes que ostentavam o título de alafin e que lhe imprimiram um forte sentido militar. Situada a 320 km a nordeste de Abomei, lá se iniciou um lento processo de expansão guerreira, vencendo e submetendo os povos nupe, popo e do Borgu, que ocupam hoje os territórios da Nigéria.

Sua principal fonte de poder provinha da cavalaria, que até o século XVIII garantiu sua supremacia num vasto território que se estendia até o mar. Com a expansão, Oió submeteu os povos egbas e ajás no final do século XVII. Entre 1726-1730, sob a liderança do alafin Odjigui, avançou sobre o Daomé, derrotando-o e impondo o pagamento de um tributo regular. O que estava em causa era o domínio sobre as principais rotas comerciais entre o rio Níger e o litoral atlântico no golfo da Guiné, por onde circulavam sal, ouro, produtos europeus sobre os quais se podia impor tributação, e por onde também circulavam as regulares e crescentes levas de escravos para a exportação.

A CONFEDERAÇÃO ACHANTI

O Estado africano de maior projeção no decurso dos séculos XVIII e XIX ganhou forma na Costa do Ouro, nas imediações dos territórios situados nas atuais repúblicas de Ghana e Togo.

As origens desse Estado, que se tornaria eminentemente militarista e expansionista, encontram-se por volta de 1690, na fundação da cidade de Kumasi e na ação de seus primeiros governantes: Osei Tutu (1680-1717) e Opoku Ware (1720-1750). Teria provindo de um conselheiro do primeiro, o sacerdote Okomfo Anokyé, a ideia de institucionalizar a união dos

78 HISTÓRIA DA ÁFRICA

povos. Segundo as tradições orais, no meio de um grande ajuntamento de líderes o sacerdote teria feito descer do céu um assento de ouro (sikadwa), que pousou em cima dos joelhos de Osei Tutu. O acontecimento simboliza a origem da Confederação Achanti.

Na prática, Osei Tutu realizou com sucesso certo número de alianças, numa hábil política matrimonial e numa pressão diplomática precedida de ameaças de conquista. Ao estender a influência de Kumasi sobre os povos vizinhos, criou assim a junção de Estados autônomos conhecida como Confederação Achanti.

No princípio, o detentor do título de achantithene era apenas uma espécie de representante legal. Mas logo, apoiado por significativas conquistas militares e pelo desenvolvimento de uma burocracia palaciana, o Estado achanti evoluiu para uma das mais poderosas formações políticas da África.

Dando continuidade ao antecessor, Opoku Ware ampliou as ações militares contra os sewi, os gyaman e os povos de Acra. Para o Norte, submeteu as regiões de Gyaman, Gonja e Dagomba, e para o Sul, só lhe resistiam os pequenos Estados dos povos fantis, que contavam com o apoio dos mercadores dos fortes europeus. Por volta de 1820, a Confederação Achanti dominava quarenta povos entre o interior da floresta e a costa.

Fato até então inédito, Osei Tutu criou um exército permanente que ocupava cerca de 1/5 da população, cujo contingente era estimado na metade do século XIX em cerca de 80 mil homens. Foram fixadas quantidades de indivíduos a serem enviados ao exército, provenientes dos povos confederados.

Além das lanças, arco e flecha e demais armas tradicionais, esse exército era abastecido com espingardas, adquiridas pelos representantes comerciais do achantithene nos fortes europeus e controladas no palácio. Em 1874, o achantithene Mensa Bonsu (1874-1883) substituiu as espingardas por rifles modernos de marca Snider e Martini-Henrys, e criou um regimento de soldados profissionais, conhecidos como "hauçás". Antes dessa reforma, o exército achanti contava com a orientação de instrutores militares europeus, como o oficial dinamarquês Carl Nielson.

Ao longo do século XVIII, as autoridades achanti tomaram uma série de medidas no sentido de promover a integração dos povos sob os quais exerciam controle, sobretudo a partir do período de governo de Osei Kodjo, entre 1765-1777. Uma dessas medidas foi a criação de uma rede de comunicações tendo por centro a capital do Estado, Kumasi.

Nessa organização administrativa, o território era recoberto por comunidades que gozavam de diferentes estatutos: em primeiro lugar havia os aman (estados "confederados"), isto é, que contribuíam para a hegemonia do Estado e eram governados por chefes e funcionários, chamados nkwansrafo. A seguir vinham as províncias "exteriores", que depois da conquista passaram a ser governadas por representantes do Estado achanti; e as províncias "tributárias", que continuavam a ser administradas por seus antigos governantes, mas pagavam tributos periódicos e só muito raramente forneciam contingentes militares.

Os recursos econômicos provinham da agricultura, que garantia o consumo local e dispunha de alguns produtos, como a noz-de-cola, que circulava nas rotas do comércio internacional. Os rendimentos do Estado eram extraídos do trabalho dos "escravos da coroa" empregados na exploração das minas de ouro; dos tributos pagos pelas populações submetidas; e dos lucros obtidos na comercialização de certos produtos que eram monopolizados pelos representantes do governo. Mas a principal fonte de poder econômico provinha do tráfico de escravos, que eram negociados nos fortes do litoral e com os mercadores do Sudão Central.

No ano de 1842, Kumasi contava cerca de 15 mil habitantes, estava dividida em diversos bairros: o dos altos dignitários; o dos artesãos e pequenos comerciantes; o da gente pobre e dos escravos; e o dos estrangeiros, conhecido como Zongo. Era uma metrópole cosmopolita, por onde circulavam altos dignitários, mercadores muçulmanos e negociantes cristãos de várias partes da Europa, além de autoridades e chefes dos diversos reinos circunvizinhos aliados ou dependentes. Em seu lado leste estava o imenso e soberbo palácio governamental, edificado em pedra, com formas suntuosas e uma grande área chamada pramakeseso, onde se reunia o conselho de governo. Na parte detrás estavam situadas diversas seções de trabalho e a sala do tesouro.

Uma rede de estradas partindo de Kumasi articulava as diversas áreas do reino e servia de via de acesso às principais rotas de comércio entre o litoral e as comunidades do Sudão Ocidental e Central (Tombuctu, Djenné, Kano, Katsina). Dotadas de pontes, pontos de parada e postos de vigilância e controle, tais rotas serviam de escoamento das mercadorias comercializadas no interior e no litoral. Tinham também finalidade estratégica ao permitir a rápida mobilização de tropas no conjunto do território. E uma finalidade de integração política ao servir de vias de acesso pelas quais as decisões e medidas tomadas pelos achantithene pudessem ser comunicadas às autoridades locais.

Ao longo dos séculos, o Estado achanti foi se modificando internamente. Evoluiu de uma composição coletiva, confederal, para um organismo organizado e centralizado, assim estruturado: à cabeça, estava o achantithene, principal chefe de governo e líder militar; as decisões que ele tomava dependiam do parecer de um alto conselho (achantiman hya), formado pelos chefes das altas linhagens de Kumasi e das províncias achanti; havia ainda um conselho privado chamado *Conselho de Kumasi*, cujos membros pertenciam aos mais importantes representantes da oligarquia política e militar.

Assim, o poder do achantithene não se assemelhava ao dos soberanos autocratas, mas era partilhado com os dignitários do Estado. Reproduzia de forma ampliada as estruturas tradicionais das monarquias africanas.

No processo de organização e centralização, um fator decisivo foi o fortalecimento de um corpo de servidores profissionais colocados em posições importantes na administração dos domínios da confederação achanti, o que se nota a partir do fim do século XVIII.

Tal aspecto constitui, aliás, um ponto novo e original resultante dos contatos de seus governantes com o mundo europeu. A noção de serviço público (esom) foi aos poucos se impondo, e apareceram agentes governamentais nomeados em função de sua competência pessoal, e não em função da família ou linhagem a que o indivíduo pertencia.

O MUNDO ATLÂNTICO 81

Isso conferiu eficiência e garantiu certa continuidade das instituições administrativas do Estado.

No século XIX, havia no palácio uma chancelaria integrada por letrados muçulmanos que colocavam por escrito os principais atos e decisões do poder, mantinha em ordem a contabilidade dos tributos e proventos e organizava aquilo que se poderia chamar de uma espécie de embrião dos arquivos da monarquia.

Os servidores do Estado constituíam uma categoria especial, os esom-dwerma, e gozavam de diversas vantagens e prerrogativas, além de receber uma forma de remuneração por meio de comissões. Em determinadas ocasiões festivas, como a festa do inhame, em que se celebrava a vitalidade dos governantes, os servidores de maior importância podiam inclusive ostentar um guarda-sol de cores muito vivas, privilégio reservado aos integrantes da elite do reino.

Alguns servidores alcançaram posições de destaque no governo devido apenas ao seu mérito pessoal. Foi o caso de Opoku Frefre (1760-1826), que desempenhou papel decisivo na vida política achanti. Ele ocupou a função de tesoureiro e organizou as finanças dos achantithenes. Depois assumiu importantes postos de liderança militar até sua morte na batalha de Katamanso.

Outra trajetória exemplar foi a de Achanti Agyei, que na juventude ganhava a vida como carregador de sal e a seguir teve uma carreira brilhante, primeiro a serviço do chefe de governo da província de Akwamu e depois como conselheiro do achantithene Osei Bonsu a partir de 1805, quando tinha apenas 25 anos. Realizou diversas atividades nos mais elevados postos do governo, servindo de embaixador e, por fim, de representante direto do governo em todos os negócios estrangeiros. Em troca, recebeu terras, mulheres, escravos e ouro, para que pudesse ostentar uma riqueza que correspondesse às suas altas funções.

A posição hegemônica da Confederação Achanti afetou os interesses econômicos dos traficantes de escravos e mercadores de ouro holandeses e ingleses que atuavam na Costa do Ouro, pois se refletia nos preços das mercadorias e cativos e no controle do tráfico escravista.

82 HISTÓRIA DA ÁFRICA

Ao longo do século XVIII, holandeses e ingleses aliaram-se a povos não controlados pela confederação, sobretudo os fantis que habitavam o litoral, tentando desse modo neutralizar a expansão achanti. Os fantis foram, entretanto, vencidos diversas vezes em combate, o forte de Amsterdã passou a ser atacado pelos achantis, e os representantes da companhia de comércio inglesa tiveram que negociar.

Nas primeiras décadas do século XIX ocorreram conflitos recorrentes, indiretos ou armados, entre a confederação achanti e os britânicos. No ano de 1826, estes se juntaram a uma coligação de povos do litoral, integrada por gas, fantis, akims, denkyiras, mas foram batidos na batalha de Dodowa. Algumas décadas depois, em 1863, o governo inglês enviou um regimento das Antilhas para dar combate aos achantis, que foi vencido em Assikuma e Bobikuma pelo exército achanti liderado por Kwaku Dua.

A pressão aumentou na década de 1870, quando um grande exército britânico apoiado por aliados locais marchou sobre Kumasi, sob o comando militar de Garnet Wolseley. Mais de mil soldados achanti morreram em combate em 1874 e Kumasi foi saqueada e incendiada, ficando por algum tempo deserta. Pelo tratado de Fomena, os achantis foram obrigados a renunciar a qualquer direito ou ingerência sobre a costa e proibidos de promover o tráfico de escravos – que era uma das fontes essenciais de seu poder econômico.

Descreveu-se de modo mais pormenorizado a evolução do Estado achanti porque parece que ele exemplifica de modo claro as possibilidades e limites de desenvolvimento das sociedades africanas em processo de militarização. Foi um Estado que caminhou para a centralização e modernização administrativa, exerceu poder local e internacional e marcou posição nos rumos da história.

Em seu caso, militarização e escravidão constituíam faces diferentes do processo de abertura das sociedades africanas ao contato com os interesses capitalistas europeus. Nesses contatos, entretanto, seus interesses nem sempre coincidiam com os dos mercadores europeus, motivo pelo qual prevalecia mais o conflito do que a negociação ou a aceitação de condições impostas do exterior.

CONGO E ANGOLA

Abaixo do golfo da Guiné e do Gabão, as formações sociais e estatais litorâneas de maior expressão situavam-se na África Central, *grosso modo*, entre a foz do rio Zaire ao Norte e a foz do Rio Cuanza ao Sul, na área geográfica correspondente às atuais República Democrática do Congo, República popular do Congo e República de Angola. Geograficamente, ocupavam uma zona de transição entre as vegetações medianas da savana e a densa floresta equatorial e tropical. Culturalmente, participavam de uma área ocupada desde pelo menos meados do primeiro milênio a.e.c. por grupos variados que falavam línguas de matriz banto.

Destacava-se nesta área a formação estatal denominada em geral de *reino do Congo*, que remontava ao fim do século XIII. Seus povos provinham do grupo mbundu ou ambundo, mas as linhagens dominantes eram do grupo bacongo, que se desdobravam em diversos grupos menores falantes das línguas umbundo e quicongo. Para o interior, seus domínios prolongavam-se até a área de domínio dos povos lunda e luba.

Os personagens que representavam a soberania do Estado e regulavam as relações sociais eram denominados de manicongo, isto é, "senhores do Congo". Fundamentaram sua autoridade na submissão de chefes locais, por meio de guerras, alianças e a extração de tributos, como costumava acontecer com a maioria das formações estatais africanas tradicionais. Pertenciam ao clã dos Lukeni, cujo ancestral, Nimi-a-Lukeni, teria submetido as populações e edificado seu palácio na localidade de Mbanza Congo, de onde passou a controlar os yombe, manianga, nlazen, nsuku e nsaka.

Abaixo estava o reino de nome Ndongo, cujos chefes eram designados pelo termo *ngola* – de onde provém o nome posterior do território de Angola. De acordo com as tradições orais, o fundador da linhagem principal, chamado Ngola Kiluanje, ou Ngola Inene (1515-1556), teria emigrado com seus seguidores do norte e fundado a cidade de Kabassa, o que sugere sua vinculação histórica ao Congo. Mais ao sul, além do rio Cuanza, ficava a região de Kissame, cujas comunidades de aldeia de

84 HISTÓRIA DA ÁFRICA

Muxima, Kitangombe, Kizua, Kikaito e Kafuxe mantinham-se livres do controle dos Estados do norte.

Os domínios do *reino do Congo* funcionavam como importante polo econômico local. Era sustentado por uma agricultura de subsistência, praticada em geral pelas mulheres, de onde provinham legumes, tubérculos, cereais e o sorgo. Havia também diversas espécies de frutas, bananeiras e coqueiros, árvore de palma, árvores de noz-de-cola e espécies semelhantes a ameixas amarelas. Com os portugueses, passaram a plantar amendoim, batata doce, goiabeiras, cajueiros e mamoeiros, arroz, milho e, sobretudo, a mandioca (levada do Brasil), que se tornou sua principal base alimentar.

Na pecuária, criavam-se carneiros, cabras, galinhas e bovinos, embora o consumo e a utilização destes últimos estivessem reservados à elite dirigente. Aos homens cabiam atividades artesanais na metalurgia, na tecelagem e na cerâmica. Conheciam técnicas apuradas de fusão do ferro e eram notáveis criadores de tecidos bordados feitos de folhas de ráfia e de palmeira, além de hábeis escultores.

Nas comunidades maiores, o pequeno comércio podia ser exercido por qualquer indivíduo, mediante a autorização dos chefes locais. Mas as transações de produtos de maior valor comercial, como tecidos de qualidade, marfim, joias e ornamentos, cobre, ferro, prata, gado e sal, eram realizadas exclusivamente pelos integrantes das linhagens dominantes em cada aldeia. Eram esses que negociavam com os europeus a compra ou venda de armas de fogo e cativos.

As trocas eram realizadas mediante preços fixados pelas autoridades, sem grande variação de preço, e a referência de valor podia ser o sal, o gado e o *nzimbu*, pequena concha encontrada no litoral a que se atribuía grande valor econômico e simbólico – origem provável do valor dado aos búzios pelos afrodescendentes brasileiros.

Após os primeiros contatos estabelecidos com o navegador português Diogo Cão, que desembarcou na foz do rio Zaire em 1482, os governantes de Mbanza Congo rapidamente foram atraídos para a órbita portuguesa, sucedendo trocas de embaixadas e correspondências. Em maio de 1491, o manicongo Nzinga Nkuwu recebeu o batismo cristão, adotando o nome de D. João I e, posteriormente, sob o governo de seu filho, Mvemba-a-Nzinga, mais conhecido pelo nome cristão de Afonso I (1509-1540), o modelo do cristianismo português foi implantado no reino de acordo com os regimentos de governo enviados pelos soberanos portugueses.

Enquanto isso, os mercadores e as autoridades lusas estabeleciam os primeiros contatos com o Ndongo a partir de 1518, criando as bases para o desenvolvimento do tráfico de escravos com os mercadores da ilha de São Tomé e com os portos do Novo Mundo.

Na prática, embora o manicongo exercesse certa preponderância sobre os demais chefes locais, seu poder efetivo era bastante limitado e se restringia basicamente ao território de Mbanza Congo. Tudo indica que já no fim do século XV esse poder esbarrasse no prestígio dos chefes de linhagens, que eram afinal os líderes locais mais importantes.

Nos documentos deixados pelos primeiros agentes da monarquia portuguesa, por comerciantes e missionários enviados ao Congo, toda a região é qualificada de "reino", os governantes de "reis", as demais lideranças locais como "vassalos" e as áreas próximas a Mbanza Congo como "províncias". Ao fazer isso, os portugueses projetavam a realidade que eles conheciam na Europa para a África, mas na prática as diferenças entre o seus modelos de governo e o dos africanos eram significativas.

Vista pelos europeus, a monarquia do Congo logo pareceu fraca porque não conseguia se impor perante poderes provinciais, considerados periféricos e dependentes. Mas o que acontecia de fato era algo diferente. Numa análise sobre os fundamentos da organização social propriamente congolesa, o que se verifica é que o principal pilar de sustentação dessa sociedade era a linhagem, que representava a perpetuação dos ancestrais, em cuja memória assentava toda a legitimidade do poder de mando. Como nos demais pequenos Estados, em outras chefaturas do Congo a sucessão ao trono não se fazia de modo hereditário, mas dependia da indicação, aprovação ou eleição pelos chefes locais de linhagens. Seria muito difícil encontrar, nessas condições, monarquias despóticas ou centralizadas, com as quais os europeus estavam acostumados.

86 HISTÓRIA DA ÁFRICA

Mesmo que pertencessem todos à prestigiosa linhagem Lukeni, os indivíduos que se tornassem manicongo dependiam de diversas instâncias de negociação para alcançar o poder. O sistema de sucessão se fazia através da linhagem materna, e não da linhagem paterna, de modo que as relações entre predecessores e sucessores não ocorriam de forma direta, e qualquer membro masculino de qualquer ramo da linhagem podia reivindicar o trono. A decisão final dependia de negociações entre os chefes de linhagens e clãs, ou da força militar colocada à disposição dos concorrentes, sendo frequentes as rivalidades e assassinatos nos períodos de sucessão. Se de um lado esse sistema aparentemente confuso parecia provocar a dispersão do poder, por outro preservava o equilíbrio da sociedade, que estava acima do poder do Estado.

Esse equilíbrio foi rompido nas primeiras décadas do século XVI, durante o governo de D. Afonso I. Tratado pelos reis portugueses como um aliado, como um "irmão", esse governante africano tomou medidas que resultaram numa ampla modificação das formas de organização social do Congo ao enviar jovens para serem batizados e cristianizados em Portugal, além de solicitar a implantação do cristianismo e ao proibir o culto dos fetiches, que representavam os ancestrais divinizados.

Através de um regimento de governo enviado pelo rei português D. Manuel I em 1512, Afonso I aplicou ao Congo medidas políticas, judiciais e administrativas conforme os modelos da corte portuguesa. Criou uma corte, instituiu e distribuiu títulos de nobreza, criou insígnias e distintivos aristocráticos. E, o que é mais importante, tomou medidas para que um de seus filhos lhe sucedesse no trono. Ao fazê-lo, rompia com a tradição da sucessão matrilinear e criava uma tradição nova, hereditária, de sucessão patrilinear. As medidas despertaram a oposição ao seu governo, lideradas pelos chefes das linhagens mais importantes e pelos defensores do culto aos fetiches, dando origem ao movimento de contestação denominado Revolta da Casa dos Ídolos.

Se, do ponto de vista português, as modificações introduzidas no Congo pareciam concretizar sua assimilação a um programa de acultura-ção através da cristianização, do ponto de vista do monarca africano, as modificações pretendiam consolidar a posição de um Estado assentado em outras bases.

As medidas de D. Afonso I criaram coisas inexistentes até então: a ideia de uma territorialidade associada a sua autoridade como governante; a noção de uma sucessão em linha direta a partir de sua corte; a unidade político-cultural através do modelo fornecido pelo cristianismo. Por meio de sua correspondência com os reis de Portugal (Manuel I e João III), foi possível perceber suas intenções claras de modernização, quando pedia a eles que enviassem construtores para ensinar técnicas de construção de edifícios e barcos, além de armas de fogo, professores e missionários. Recebeu apenas missionários e teve que se defrontar com os interesses dos mercadores de escravos portugueses da ilha de São Tomé que passaram a frequentar o Congo.

O reino do Congo sofreu forte abalo em 1567, envolvido nas sangrentas lutas internas que se sucederam à morte de D. Afonso I (1540), quando suas populações foram atacadas e massacradas por um grupo nômade de guerreiros, os ibangalas, que ficaram notabilizados pelo nome de jagas. Para fazer face a eles, o Congo necessitou da ajuda de mercenários europeus e de suas armas de fogo, e depois de passada a tormenta das invasões, a pressão dos mercadores e traficantes de escravos aumentou.

Os reis do Congo tentaram, então, aproximar-se de outras potências, como a França, Roma e os Estados italianos, inclusive a Holanda, para contrabalançar a influência lusitana no reino. Em 1622, um dos representantes congueses na corte papal, em Roma, escreveu uma carta ao negus (imperador) da Etiópia, propondo-lhe uma aliança, mas a iniciativa não teve maior resultado.

Pela mesma época, missionários e mercenários portugueses, apoiados por aliados africanos, e liderados por Paulo Dias de Novais, estabeleceram-se no Ndongo. Em 1571, com a concordância do manicongo D. Álvaro I (1568-1674), deram início à conquista efetiva do território que depois receberia o nome de Angola. Isso se fez a partir de fortalezas como a de São Miguel de Luanda, edificada em 1575, e a de Nossa Senhora da Vitória de Massangano,

88 HISTÓRIA DA ÁFRICA

edificada em 1583, que serviram como centros de defesa e facilitaram a ocupação político-militar.

Em virtude de sua excelente posição estratégica, pois estava situada numa baía e protegida por uma ilha, de seus portos, que serviam como escoadouro de escravos, a recém-criada cidade de São Paulo de Luanda despertou o interesse comercial dos holandeses, que a ocuparam entre 1641-1648. Foi depois retomada pelos portugueses e luso-brasileiros chefiados por Salvador Correia de Sá e Benevides.

As relações com os governantes do Congo se deterioraram ainda mais na segunda metade do século XVII e acabaram por conduzir ao inevitável choque armado na batalha de Mbwila, ocorrida em 1665. Nela morreram centenas de indivíduos da alta nobreza e chefes de linhagens tradicionais, inclusive o próprio rei D. Antônio I. Nunca mais o reino do Congo recuperou sua posição como potência local.

Em meio a esse cenário conturbado, marcado por disputas entre interesses estrangeiros pelo controle do tráfico no reino do Congo e Ndongo e pelo gradual colapso das instituições e da sociedade conguesa, ganhou relevo a figura de Nzinga Mbandi (1582-1663), conhecida como Ana Jinga ou como Rainha Jinga. Ela é lembrada até os dias atuais como uma das mais importantes lideranças da África tradicional.

A influência de Nzinga Mbandi teve início no reino do Ndongo, onde negociou a paz com representantes do governo português em 1622 e disputou com o irmão a sucessão ao trono, acabando por assassiná-lo em 1629. No poder, teve que enfrentar diversas rebeliões devido à resistência dos chefes das linhagens, que não aceitavam a ideia de serem governados por uma mulher. O que dificultava ainda mais a aceitação era o fato de que ela descendia, por um lado, de Nzinga Mbandi Ngola Kiluanji, rei do Ndongo, e, por outro, de uma escrava do palácio chamada Guenguela Cacombe. Em todos os sentidos, a ascensão de Nzinga ao poder era um caso excepcional e se devia a sua extraordinária capacidade pessoal de liderança.

Além disso, ameaçada pelas tropas portuguesas, Nzinga foi forçada a deixar o Ndongo, estabelecendo-se no reino de Matamba, às vezes designado como Quiilombo, onde passou a governar os temíveis guerreiros ibangalas. Foi nessa condição, e por seu carisma, que ela levou a cabo uma bem-sucedida política expansionista que fez de Matamba o Estado mais próspero da região e o principal fornecedor de escravos aos holandeses, numa média que chegou a 13 mil cativos por ano. Adversária respeitada pelos portugueses, a quem impôs algumas derrotas, sua posição se tornou mais frágil após 1648, quando seus aliados holandeses foram expulsos. Após uma longa negociação, acabou firmando um pacto de paz e recebeu o batismo cristão em 1654, vivendo em paz com os portugueses até a morte.

A situação do Congo e de Ndongo ao fim do século XVII estava completamente alterada devido à gradual influência portuguesa. A África Central tornou-se a mais importante área de fornecimento de escravos, e embora no interior os chefes locais de aldeia, chamados sobas, continuassem a exercer sua autoridade local, o território de Angola seria aos poucos transformado numa província lusitana de além-mar, e assim permaneceria até a segunda metade do século XX, conforme veremos em capítulos posteriores.

OS BÔERES NA ÁFRICA DO SUL

Ocupado por populações autóctones no período da Pré-história, os pigmeus e os khoisans, que são mais conhecidos pelo nome de bosquímanos ou hotentotes, o extremo sul do continente africano seria influenciado por sucessivas migrações de povos provenientes de outras áreas geográficas.

Os registros arqueológicos indicam que, desde pelo menos 20.000 a.e.c., os hotentotes encontravam-se instalados em territórios situados entre o sul de Angola, Zâmbia, Namíbia e África do Sul, vivendo da exploração dos recursos da floresta como caçadores e coletores. É muito provável que a partir do II milênio a.e.c., em data difícil de ser determinada, esses territórios tenham sido ocupados por populações de matriz linguística banto, que teriam introduzido a tecnologia do ferro e a criação de animais. Essas populações encontravam-se divididas em quatro grupos linguísticos: o grupo nguni, sotho-tswana, venda e shangaan-tsonga, divididos em clãs e grupos tribais. O grupo linguístico mais importante é o nguni, falado por quatro povos: os zulus, que se subdividem em mais de 100 clãs; os shosas, os swazis e os ndebeles.

A esses grupos viriam se juntar a partir do século XVII e.c. uma população branca, de origem europeia, que daria origem ao grupo de colonos e exploradores sul-africanos conhecidos como bôeres. Essa população, composta de descendentes de holandeses, franceses, germânicos e ingleses, desenvolveu um modo de vida adaptado às duras condições de vida no sul do continente e criou uma língua nativa que resulta da mescla de dialetos neerlandeses com contribuições sucessivas do alemão, francês, português, malaio e das línguas africanas, o *afrikander*. Nos séculos XIX e XX, compunham cerca de 10% da população e controlavam os postos mais importantes da África do Sul.

A presença europeia na África Austral data de 1488-1498, quando os portugueses completaram a circum-navegação do continente a partir do Cabo da Boa Esperança, fixando pontos para abastecimento de suas caravelas e tomando posse oficial do território, sem, contudo, se fixar de modo mais prolongado e muito menos ocupá-lo. Na primeira metade do século XVII, quando os holandeses das Províncias Unidas entraram em conflito com o império espanhol e português, ocuparam diversos domínios nas Índias e tomaram ciência da existência dos fortes na região do Cabo em 1648.

Em 1651, cinco navios deixaram a Holanda com destino ao sul da África, levando colonos interessados em se fixar ali sob o comando de Jan van Riebeek, incentivados pela administração da Companhia das Índias. Logo a seguir, teve início a importação de escravos, provenientes de Angola, Madagáscar e da ilha de Java, que constituíam mão de obra em fazendas destinadas à produção de tabaco e trigo.

Algumas décadas depois, a África pareceu uma boa alternativa aos grupos de protestantes de origem francesa que emigraram para a Holanda devido às perseguições movidas contra eles por católicos após a revogação do Edito de Nantes, em 1685, que lhes garantia liberdade de culto. Entre 1688-1689, pelo menos oito embarcações com famílias huguenotes aportaram na então recém-fundada Cidade do Cabo. Seriam eles que, junto com imigrantes protestantes oriundos da atual Alemanha, no século XVIII, dariam início à ocupação das áreas do interior, como colonos, agricultores, criadores de gado e comerciantes.

A marcha para o interior alargou a área de ocupação branca, mas gerou conflitos prolongados com as populações locais. Primeiro, eles expulsaram os hotentotes ou reduziram parte deles à escravidão. Depois, no período situado entre os anos 1779 e 1819, entraram em sucessivos conflitos com o povo shosa na região da Suazilândia, sobretudo nos territórios situados entre os rios Kei e Fish, episódios que ficaram conhecidos na história da África do Sul como as "guerras cafres". Como foi apontado no fim do capítulo anterior, o termo *cafre* tinha significado pejorativo e designava os "infiéis", os "pagãos", neste caso, os "não europeus", os negros africanos que se mantinham ligados às suas práticas tradicionais.

No século XIX, ocorreu uma alteração significativa nas formas de ocupação do território com a inserção da África do Sul na área de influência britânica, em 1803. Os oficiais ingleses tomaram medidas no sentido de acabar com o tráfico de escravos e com a prática da escravidão, principal meio pelo qual os bôeres obtinham mão de obra para o trabalho na agricultura e na pecuária. A partir de 1828, todos os negros livres passaram a ser considerados juridicamente iguais aos brancos, rompendo com as barreiras raciais existentes no período anterior. Em 1833, a escravidão foi abolida em todo o território da África do Sul.

Reagindo a essas transformações, os colonos mais intransigentes tomaram uma decisão que viria a ter consequências muito profundas para a ocupação definitiva da África do Sul. Organizados em comboios de carroções puxados por bois, eles decidiram adentrar o interior do território e se fixar em locais onde pudessem viver de acordo com seus costumes, fora do alcance dos ingleses. Inspirados pelos textos bíblicos, imaginavam estar marchando ao encontro da "Terra Prometida".

O movimento de expansão, ocorrido entre os anos 1837 e 1839, resultou na ocupação das áreas do Transvaal, Natal e Orange. Ele é considerado um dos eventos marcantes da história oficial sul-africana e é lembrado como "Grande trek", isto é, a "grande marcha".

O REINO ZULU

Mas em seu deslocamento, os desbravadores teriam que se defrontar com um inimigo irredutível: os povos zulus.

O REINO ZULU

A mais importante formação social e estatal no sul da África ganhou forma no início do século XIX, sob a liderança de um líder dotado de enorme habilidade na arte da guerra chamado Chaka (1783/1786-1828). O impacto do reino zulu foi ainda maior porque seu aparecimento ocorreu no mesmo instante da implantação da administração britânica e da expansão colonizadora dos bôeres. Num caso e noutro, ao se tornar um polo de aglutinação dos povos shosa, o reino zulu constituiu uma força poderosa na luta pelo controle dos territórios do sudeste da África.

De resto, a trajetória de Chaka lembra a de outros líderes criadores de Estados: exposto às maiores dificuldades quando criança, soube enfrentar a adversidade, superando-as e atraindo em torno de si seguidores fiéis que lhe permitiram obter as primeiras vitórias que o tornariam célebre conquistador. Suas origens encontram-se preservadas nas tradições orais dos shosa, e é difícil discernir em sua imagem os fatos concretos dos elementos lendários.

Nascido em algum lugar no extenso corredor situado entre os maciços de Drakensberg e o oceano Índico, na região conhecida como Zululândia, era filho de Sezangakona, rei de ascendência nguni da chefatura integrada pelos povos Abatethawa, e de Nangi (A Deliciosa), pertencente ao grupo langeni. Repelida pelo marido, a mãe e o filho teriam sido expostos às piores humilhações e dificuldades em sua comunidade de origem. As qualidades pessoais de Chaka, a quem se atribuía força física descomunal e poderes sobrenaturais, lhe permitiram se impor perante o seu povo. Na juventude, provavelmente por volta de 1808, ele serviu como guerreiro a serviço do rei Dingiswayo, e em 1816, com a morte de seu pai, disputou com os coirmãos a sucessão, vencendo-os e tomando o poder.

Chaka introduziu uma série de mudanças na forma de organização dos povos nguni, num amplo processo de reorganização social em que a preparação para a guerra se tornou o objetivo primordial. A primeira delas foi a criação de um exército permanente, algo inédito numa sociedade de pastores, praticantes de um tipo de guerra apenas defensiva e circunstancial. Com o apoio de guerreiros veteranos, implantou um sistema de recrutamento pelo qual todos os jovens maiores de 16 anos ficavam sujeitos a uma formação militar de dois ou três anos nas kraals, unidades de combate em que aprenderiam técnicas de luta individual e coletiva e onde cultivariam o espírito de camaradagem e o culto ao chefe, cantando hinos em louvor do rei.

Passada a fase da preparação, jovens e veteranos misturavam-se em regimentos mistos (u-fâsimba) liderados por um comandante (induna) designado pelo rei. Esses regimentos encontravam-se repartidos em posições estratégicas do território zulu. Cada um deles tinha o seu grito de guerra, seu uniforme e seus símbolos distintivos em bandeiras, faixas ou em escudos. Segundo determinados observadores britânicos, havia 17 regimentos equipados de escudos negros, e 12 regimentos equipados de escudos brancos, cujo número total de guerreiros oscilou entre 30 mil, 50 mil e 100 mil homens.

A adoção em larga escala de uma arma de cabo curto e lâmina larga, a azagaia, forçou a uma mudança na forma de combate que trouxe resultados imediatos. Até então, utilizavam-se apenas as lanças de cabo comprido, que, depois de arremessadas, forçavam os guerreiros de primeira linha a recuar para se rearmar e realizar uma nova investida. Com as novas armas, a decisão do combate passou a ser a luta corpo a corpo, em que os elementos táticos e a estratégia de ataque podiam fazer toda a diferença.

A formação de ataque recebia o nome de "cabeça de búfalo": as tropas eram divididas em quatro corpos, dois organizados nas laterais, com a forma dos chifres do búfalo, e dois situados no centro, um atrás do outro, como a cabeça do búfalo.

Quanto à estratégia, baseava-se na prática de uma guerra ilimitada contra o adversário, antecedida pela destruição de plantações e habitações, por saques e pilhagens realizados por regimentos especiais denominados *impis ebumbu* (regimentos vermelhos) – cuja reputação de violência provocava um forte efeito nos adversários, por vezes precipitando fugas ou capitulações.

94 HISTÓRIA DA ÁFRICA

A isso se deve acrescentar ainda a crença na superioridade incutida por feiticeiros e adivinhos mobilizados pelo rei, cujo efeito sobre o moral dos combatentes não devia ser pequeno.

Essa poderosa máquina de guerra, quando acionada, provocou uma extraordinária reviravolta em todo o sudeste da África. Ao que parece, nos primeiros anos do governo de Chaka, as sucessivas operações militares do reino zulu resultaram na conquista e incorporação de cerca de 300 chefaturas e reinos menores situadas na cordilheira de Drakensberg, que passaram a lhes pagar tributo.

Muitas coletividades preferiram fugir, atacando e empurrando os vizinhos em sua passagem. Alguns, que se estabeleceram além da região de Natal para criar os seus rebanhos, ficaram conhecidos como mfengus ou fingos, isto é, "mendigos". Esse grande movimento migratório de povos shosa, contemporâneo ao "Grande trek" dos bôeres, recebe o nome de Mfecane. Explica-se a partir da existência desses dois movimentos sucessivos o acirramento das disputas entre brancos e negros na segunda metade do século XIX.

A pressão dos zulus não se encerrou com a morte de Chaka, assassinado em 1828. Prosseguiu durante o reinado do seu sucessor, Dingaan (1828-1840), que estendeu a influência zulu até Moçambique. A então cidade de Lourenço Marques, atual Maputo, foi atacada em 1833, e a guarnição portuguesa acabou sendo aniquilada e diversas aldeias vizinhas, incendiadas. Em 1834, os zulus alcançavam o litoral do oceano Índico. Em todo o litoral sul, do rio Limpopo ao rio Orange, o impacto do Mfecane gerou uma profunda turbulência entre os povos e deu origem a novos reinos que seguiam o modelo zulu: os reinos soto, swazi e tswana, que viriam a desempenhar importante papel na luta contra o avanço da fronteira bôer e britânica.

Foi durante o reinado de Dingaan que ocorreram os primeiros conflitos com os bôeres. Suas armas de fogo e o apoio dos ingleses foram fatores decisivos que explicam a vitória contra os guerreiros de um líder zulu remanescente do tempo de Chaka, Mzilikaz, derrotado em 1836. Os conflitos diretos com o exército de Dingaan ocorreram após o estabele-

O MUNDO ATLÂNTICO **95**

cimento dos colonos em Durban. Depois de negociações frustradas com o líder zulu, a cidade foi atacada em fevereiro de 1838, com a morte de centenas de bôeres. As hostilidades se prolongam até dezembro de 1838, quando os zulus foram vencidos na batalha de Blood River.

Encerrava-se, desse modo, a expansão zulu e o Mfecane, cujo saldo foi muito negativo para as populações shosa, com milhares de mortos, desenraizados e famintos, que fugiam em busca de locais propícios para sua reorganização social. Da simbiose entre esses diversos povos negros, emergiam os cidadãos da futura República Sul-africana, cujas relações com os brancos permaneceriam tensas ao longo de toda a sua história.

∗   ∗   ∗   ∗   ∗

Esses são alguns aspectos comuns às sociedades africanas dos séculos XVI a XVIII. Em geral, elas eram hierarquizadas, dispunham de formas de governo centralizadas, que se mantinham dos tributos cobrados aos povos vencidos, e estavam sob controle de elites familiares com forte base militar. A tendência para a militarização se acentuou com a presença europeia e a guerra tornou-se o principal meio de aquisição de poder, porque rendia aos vitoriosos um crescente número de cativos para serem vendidos como escravos.

O próximo capítulo examinará o papel desempenhado pela escravidão na África, e as profundas modificações sociais e econômicas decorrentes da difusão em larga escala do tráfico internacional de escravos.

SUGESTÕES DE LEITURA

THORTON, John. *A África e os africanos na formação do mundo Atlântico*: 1400-1800. Rio de Janeiro: Campus, 2004.
  Síntese de pesquisas e reflexões conceituais do renomado historiador norte-americano, especialista na história das formações sociais centro-africanas. A obra apresenta uma proposta

96 HISTÓRIA DA ÁFRICA

de interpretação que procura levar em conta o papel efetivo que os africanos tiveram na história dos contatos com os europeus e com a América. Desde a ação dos governantes e das elites até o papel ativo dos cativos nas formas de resistência e ressignificação da África durante o período do tráfico de escravos para o Novo Mundo, o que se tem é uma reavaliação, por vezes polêmica, do lugar da África e dos africanos na história das sociedades modernas.

COCQUERY-VIDROVICH, Catherine. *A descoberta de África*. Lisboa: Edições 70, 2004. (Lugar da História)

A reconhecida pesquisadora francesa reúne nesse livro uma grande lista de documentos de origem árabe-muçulmana e cristã, redigidos entre os séculos XIII-XVIII, em que se pode encontrar as principais características dos povos africanos que viveram nessa época. Os trechos dos documentos são precedidos de uma breve introdução e de uma contextualização, que ajuda o leitor a enquadrar os elementos históricos extraídos das narrativas transcritas.

VANSINA, Jan. *Les Anciens royaumes de la savane*: les etats des savanes méridionales de l'Afrique Centrale des origines à l'occupation coloniale. Léopoldville (Congo): Institut de Recherches Economiques et Sociales, 1965.

Obra de síntese elaborada por destacado africanólogo belga radicado nos EUA, especialista na história dos povos da África Central, responsável pela formação de nomes importantes da africanonologia americana. Trata-se da primeira interpretação sistemática da evolução das sociedades do Congo, Angola e dos povos da região dos Grandes Lagos. As informações dizem respeito à evolução histórica dos reinos do Congo, Ndongo, Luba e Lunda.

MILLER, Joseph. *Poder político e parentesco*: os antigos estados Mbundu em Angola. Luanda: Arquivo Nacional, 1995.

Publicada em inglês no ano de 1975, esta obra inovadora fundamenta-se em extensa pesquisa da documentação escrita e dos relatos da tradição oral recolhidos na Província de Malanje, sobre as raízes históricas das instituições sociais e políticas do antigo reino de Kassanje, durante os séculos XVI-XIX.

GONÇALVES, António Custódio. *A história revisitada do Kongo e de Angola*. Lisboa: Estampa, 2005.

Síntese de temas que vêm desenvolvendo desde sua tese de doutorado, o livro apresenta uma poderosa revisão conceitual da história dos reinos da África Central incorporados aos domínios portugueses, a partir de uma releitura das instituições locais desenvolvidas em torno das linhagens tradicionais. A obra contribui para a compreensão da profunda crise que se abateu nas sociedades africanas no período de contato com os europeus, apontando a progressiva dissociação entre os rumos do Estado, que passa a adotar o ideário cristão-europeu-modernizador, e a sociedade, que se manteve ligada às tradições locais.

LOPES, Carlos. *Kaabunké. Espaço, território e poder na Guiné-Bissau, Gâmbia e Casamance pré-coloniais*. Lisboa: Comissão Nacional para as Comemorações dos Descobrimentos Portugueses, 1999.

Tradução para o português de uma tese de doutoramento defendida na Universidade de Paris, sob a orientação de Yves Person e Jean Devisse. Resultante de uma extensa pesquisa interdisciplinar fundada nos princípios da sociologia histórica, o pesquisador guineense recupera as grandes linhas do Estado do Kabu, destacando sua longa história, situada entre os séculos XIV e XIX, e sua profunda originalidade no âmbito das formações sociais africanas.

FERRONHA, António Luís. *As cartas do rei do Congo D. Afonso*. Lisboa: Comissão para as Comemorações dos Descobrimentos Portugueses, 1992.
    Adaptação para o português moderno da correspondência trocada entre D. Afonso I do Congo e os monarcas portugueses no princípio do século XVI.

VITORIANO, José Manuel; LUCENA, Maria M. G. C.; CRUZ, Maria Arlete Pereira da. *Notas de História da África Ocidental*. Lisboa: Instituto Superior de Ciências Sociais e Políticas/Universidade Técnica de Lisboa, 1998.
    Síntese acadêmica, com enfoque dedicado à evolução política dos antigos Estados africanos, a obra está dividida em duas partes. Na primeira, estuda-se a evolução dos povos nigerianos, das origens ao momento atual. Na segunda, o que se tem é uma visão de conjunto do antigo reino do Congo, até sua inserção nos domínios coloniais portugueses.

PANTOJA, Selma. *Nzinga Mbandi*: mulher, guerra e escravidão. Brasília: Thesaurus, 2000.
    Análise social e econômica do significado da atuação da rainha Jinga no antigo reino do Congo, com particular atenção à evolução das relações internacionais e ao desenvolvimento do tráfico de escravos.

O tráfico de escravos

A escravidão e o tráfico internacional de escravos tiveram consequências econômicas, sociais e demográfica profundas e duradouras para os africanos. Segundo determinados estudiosos, sua existência explicaria o estado atual de pobreza estrutural do continente. O aprisionamento e a privação de liberdade de milhões de seres humanos, agravados pelo seu deslocamento forçado para outras partes do mundo, teriam provocado a maior emigração de toda a história da humanidade.

Por outro lado, ao provocar o deslocamento maciço das populações africanas, a escravidão e o tráfico de escravos deram origem a um novo fenômeno: o da transposição de elementos das culturas africanas e a consequente interação entre as experiências socioculturais africanas e as experiências

100 HISTÓRIA DA ÁFRICA

socioculturais existentes nos locais para onde os africanos e afrodescendentes foram levados, num fenômeno conhecido como *diáspora africana*.

O objetivo deste capítulo é recuperar, em perspectiva panorâmica, o amplo quadro histórico das diferentes formas de escravidão impostas aos africanos; tratar das rotas e dos agentes do tráfico, além do papel dos africanos e dos não africanos na organização e manutenção do comércio de cativos. Serão ainda apresentados, de modo introdutório, alguns traços das vivências africanas fora da África pelos escravos emigrados no Novo Mundo.

Para uma avaliação histórica objetiva do papel da escravidão entre os africanos, é preciso estabelecer a distinção entre as formas de escravização existentes na própria África e fora dela. Porque desde tempos remotos as sociedades tradicionais africanas admitiam o cativeiro, embora os cativos aparecessem em minoria nas respectivas sociedades em que foram incorporados. Tanto quanto na Grécia, em Roma ou nas sociedades eslavas, euro-asiáticas e orientais, a escravidão era uma forma social legalizada.

As implicações do fenômeno ganharam outra feição quando os cativos passaram a ser considerados mercadoria de troca, sendo vendidos a traficantes oriundos de outros continentes. Sua inserção nas redes comerciais alimentou e ampliou a prática do cativeiro, dando origem a sociedades africanas escravocratas. Existe, portanto, uma evolução histórica da escravização que não se pode perder de vista.

A ESCRAVIDÃO AFRICANA

A avaliação histórica do fenômeno da escravidão na África é difícil de ser feita devido à carência e, em alguns casos, total ausência de fontes primárias e, sobretudo, do caráter parcial das fontes – escritas muitas vezes pelos próprios escravocratas não africanos ou seus representantes e defensores. Entretanto, uma coisa é certa. O tráfico de escravos decorria de uma relação entre interesses comerciais extra-africanos, no caso, de mercadores de escravos provenientes de outros continentes, e interesses comerciais africanos, de lideranças estatais, chefes locais ou chefes de linhagem que detinham autoridade sobre seus povos.

Outro aspecto importante deve ser destacado. Não é correto afirmar que "africanos" escravizaram "africanos" para vendê-los como escravos. A consciência coletiva da existência de uma identidade continental entre os povos das nações africanas surgiu apenas no século XX, no momento de sua emancipação frente aos europeus. Até então, o sentimento de identidade não ia além da comunidade de aldeia, da linhagem, grupo tribal ou, no máximo, grupo linguístico.

Desse modo, pode-se afirmar com segurança que o fenômeno da escravidão era praticado em várias partes da África. Da Etiópia a Madagáscar, do Egito ao Magreb e do Sudão aos povos da África Central, a redução ao cativeiro era o modo mais frequente de demonstração de poder político e econômico.

Não quer dizer, contudo, que a condição social dos indivíduos privados de liberdade fosse igual a dos seus congêneres europeus do tempo dos gregos e dos romanos, ou dos tempos medievais. O próprio termo "escravidão" inexistia na África. Como se sabe, ele deriva do termo *slavus*, de onde *slave*, que pode se referir ao mesmo tempo a "escravo" e "eslavo" – uma lembrança do tempo da escravidão dos povos pagãos do mar Báltico pelos mercadores muçulmanos do Oriente Médio e varegues da Rússia.

Na África, indivíduos podiam ser reduzidos em cativeiro em três situações principais: por compra e venda, por dívida ou por guerra. Não resta dúvida de que, dos três, o mais frequente era a guerra. É preciso compreender que os povos africanos encontravam-se organizados em sociedades hierarquizadas, e que ao lado de camponeses, criadores de animais, artesãos e mercadores, as castas privilegiadas eram aquelas compostas por caçadores ou guerreiros.

Costuma-se designar o tipo de cativeiro praticado na África de "escravidão de linhagem". Sua finalidade não era a exploração econômica em larga escala, e também a perda de liberdade pessoal não era completa, pois os cativos permaneciam integrados ao grupo social dos vencedores.

Os cativos ou dependentes podiam ser utilizados em trabalhos agrícolas ou na exploração das minas. Mas em geral eles eram incluídos no grupo vitorioso, em posição subalterna. No Congo, o termo utilizado para designar os cativos, *nleke*, era também o designativo de "criança", o que

HISTÓRIA DA ÁFRICA

sugere de imediato sua posição no seio da organização familiar. Lembre-se, aliás, da proximidade semântica e fonética entre os termos "criança" e "criado" em nossa sociedade.

Assim, em diversas sociedades tradicionais africanas, os cativos podiam estabelecer relações com indivíduos pertencentes aos grupos livres, e seus descendentes tornavam-se membros integrais, adquirindo ou herdando bens como qualquer outro. No caso de servidores pessoais de membros das linhagens mais importantes, ou de governantes, podiam tornar-se comerciantes bem-sucedidos ou ministros e funcionários na corte.

A explicação da existência da escravidão na África não deve ser buscada em fatores de ordem moral. Assim como cristãos não podiam ser reduzidos ao cativeiro por cristãos, ou muçulmanos não podiam ser reduzidos em cativeiro por muçulmanos, os povos africanos subsaarianos não reduziam ao cativeiro seus congêneres, mas sim seus adversários ou "estrangeiros", fossem magrebinos, egípcios ou mesmo turcos.

Nesse sentido, os maiores promotores da escravidão na África foram os governos, que buscavam encontrar nos contingentes de cativos do palácio uma forma de garantir sua autoridade sobre uma parcela de indivíduos não ligados por laços de sangue ou de fidelidade aos clãs e linhagens tradicionais – que sempre representavam uma ameaça à sua autoridade.

No capítulo anterior, foi visto o quanto as monarquias africanas diferiam do modelo europeu ou asiático. Seus governantes em geral eram eleitos ou indicados por conselhos de anciãos, e a sucessão não era necessariamente hereditária. Um dos recursos encontrados por chefes que pretendiam expandir o seu poder e centralizar a administração, criando Estados centralizados, era colocar à sua disposição um amplo corpo de servidores e de soldados compostos por cativos. Quando Ibn Battuta visitou o Mali em 1352-1353, reparou que a guarda pessoal do mansa era constituída de 300 escravos trazidos do Egito. No reino senegalês do Caior, no século XVII, os cativos dos governantes, chamados *ceddo*, ou *tyeddo*, tinham voz no conselho dos anciãos.

AS ROTAS

A escravidão assumiu outro significado quando passou a ser integrada nas relações comerciais de longo curso. Nesse caso, mais do que reduzidos ao cativeiro, os indivíduos passavam por um duplo processo de desenraizamento. Primeiro, quando eram arrancados do local e da comunidade do qual faziam parte. Ao serem deslocados para terras longínquas, submetidos a outras regras sociais e a outras formas culturais, os cativos sofriam a violação dos seus corpos, de que perderam o controle, e a violação de seus códigos culturais originais. Depois, quando eram reinseridos num grupo estranho, em posição de subordinação, eram excluídos e desprovidos de espaço de convivência com a comunidade circundante.

O tráfico de cativos era um elemento de desagregação para as populações africanas. Como foi mostrado no capítulo "Os povos da Núbia e do Índico", os núbios foram sistematicamente escravizados pelos egípcios desde pelo menos o II milênio a.e.c. A existência de escravos africanos negros é comprovada já no tempo das cidades greco-romanas. Mas os contingentes eram baixos, pouco expressivos na estruturação das sociedades escravocratas antigas. Um novo quadro ganhou forma a partir do século VIII de nossa era, quando os mercadores árabe-muçulmanos e afromuçulmanos passaram a comercializar em larga escala cativos trazidos do interior do continente.

Nas relações comerciais das cidades suaíli, o tráfico de escravos desempenhou papel de primeiro plano, antecipando em séculos a grande diáspora negra que se abriria com as navegações através do Atlântico. Dali provinham homens e mulheres escravizados que seriam utilizados em serviços domésticos, agrícolas e artesanais nas cidades e nas propriedades rurais da Arábia, Síria e Palestina, Pérsia, e em muito menor proporção na Índia e na China. Havia escravos núbios nos palácios dos califas muçulmanos, e inclusive em sua guarda pessoal. As mulheres eram empregadas nos afazeres de casa, no pequeno comércio e até na prostituição.

No caso da China, as poucas evidências sugerem que a quantidade de cativos envolvida no tráfico era muito pequena, e sua continuidade deve-se provavelmente ao caráter exótico, diferente, dos homens negros

104 HISTÓRIA DA ÁFRICA

aos olhos dos membros da corte imperial chinesa. Pinturas do período da dinastia Tang (618-907) mostram negros africanos nas grutas budistas. Num texto do século X, fala-se dos habitantes negros de um certo país denominado Po Pa Li, que parece ser uma adaptação do termo "Somália". Entre os presentes enviados aos imperadores chineses por uma embaixada composta por autoridades da ilha de Java no ano de 813 havia escravos, denominados de seng-tche, isto é, zendjs – termo genérico para designar os negros da costa oriental africana.

O segundo polo irradiador do tráfico era o deserto do Saara, frequentado por mercadores e traficantes das caravanas desde o século VIII. No capítulo "O eixo transaariano", viu-se que os poderosos Estados do Sudão Ocidental e Central, Gana, Mali, Songai, e o Estado do Kanem-Bornu, detinham o controle do fornecimento de escravos e de ouro. Ao que tudo indica, os homens e mulheres forçados a marchar através do deserto seriam redistribuídos nos mercados de escravos das cidades do Magreb para o Egito e o Oriente Médio, e para as cidades mediterrânicas da Europa. Dali sairiam parcialmente o contingente de servidores, domésticos e domésticas das casas aristocráticas ibéricas e italianas nos séculos XIV e XV.

Na avaliação dos especialistas, entre os séculos VIII e XVI, a exportação através do Saara, mar Vermelho e oceano Índico foi mantida a uma taxa anual de 5 a 10 mil escravos, o que equivale a um total aproximado de 7,2 milhões de cativos enviados em contingentes regulares primeiramente para Damasco e Bagdá, depois para o Cairo e mesmo para as cidades italianas como Roma, Florença e Veneza.

A principal área do tráfico internacional foi, entretanto, o oceano Atlântico, no período compreendido entre a metade do século XV e a metade do século XIX. Nesse caso, a regularidade e a intensidade do comércio escravocrata assumiram proporções que não podem ser comparadas com as rotas do tráfico através do Índico e do Saara. Desse modo, a continuidade do fenômeno gerou instituições, técnicas específicas, articulou a economia africana e europeia à colonização da América, e o deslocamento maciço de africanos teve consequências gravíssimas para o desenvolvimento populacional do continente.

O TRÁFICO DE ESCRAVOS 105

Embora a escravidão já existisse na África Ocidental antes da chegada dos europeus, ela assumiu outro significado. Doravante, o cativo tornou-se uma "peça", termo que evoca por si mesmo sua condição de mercadoria, cujo valor podia oscilar de acordo com a lei da oferta e da procura. Essa escravidão em massa, por sua vez, inundou a Europa, e depois toda a América, com uma categoria social completamente privada de direitos que passava a constituir a base de toda a exploração econômica, motivo pelo qual certos pesquisadores identificam a existência de organizações sociais escravistas específicas na Era Moderna.

Desde o período de existência do tráfico negreiro até o presente, um longo e interminável debate divide a opinião sobre a quantidade de pessoas envolvidas no tráfico e a proporção de homens e mulheres. No quadro a seguir, preparado pelo pesquisador brasileiro Luiz Felipe de Alencastro, que avalia em cerca de 10 milhões o número total de africanos transferidos para o Novo Mundo, é possível observar a distribuição da população africana através da Europa e América, com números indicados em milhares de indivíduos.

Estimativa do tráfico negreiro (1451-1870)

EUROPA	ILHAS ATLÂNTICAS	SÃO TOMÉ	AMÉRICA ESPANHOLA	BRASIL	ANTILHAS BRITÂNICAS	ANTILHAS FRANCESAS	ANTILHAS HOLANDESAS	AMÉRICA BRITÂNICA	TOTAL
50	25	100	1.662,4	4.029,8	1.635,7	1.699,7	437,7	559,8	10.200,1

Fonte: ALENCASTRO, Luiz Felipe de. *O trato dos viventes*: formação do Brasil no Atlântico Sul. São Paulo: Companhia das Letras, 2000, p. 69.

Assim, aproximadamente 4 milhões de pessoas, portanto por volta de 40% do total, desembarcaram nos portos brasileiros, especialmente naqueles situados nos atuais estados da Bahia, Pernambuco e Rio de Janeiro. O Brasil foi a principal área receptora de cativos da América, sendo seguido pelas colônias da Inglaterra nas ilhas do Caribe, principalmente os atuais países de Cuba e Jamaica (Antilhas Britânicas), e pela colônia francesa de São Domingos, chamada atualmente de Haiti (Antilhas Francesas).

Quanto à proveniência dos cativos, houve significativas variações ao longo dos séculos que afetavam os fornecedores, os compradores e os sujeitos aprisionados e vendidos. Os pontos de partida da África eram os fortes

106 HISTÓRIA DA ÁFRICA

construídos pelos europeus no litoral do golfo da Guiné, nos portos de Luanda, na África Central, e em Angoche, Quelimane, Quizungo Grande, Inhambane e Lourenço Marques (Maputo), em Moçambique.

Os primeiros negócios envolvendo o tráfico foram realizados entre portugueses e os jalofos, na Senegâmbia, de onde a entrada dos "mouros negros" que inundavam Lisboa do fim do século XV ao início do século XVI. No decurso de todo esse século, Portugal praticamente monopolizou o contato com os pontos de fornecimento no litoral da África Ocidental, comprando para revender na Europa e para enviar às ilhas atlânticas que estavam começando a ser exploradas por eles. Nesses primeiros tempos, as exportações giravam entre 1.200 a 2.500 escravos por ano.

Ao longo do século XVII, a principal área de fornecimento de cativos passou a ser a África Central. Em meados do século, dali partiam de 3 a 7 mil escravos anuais, e o tráfico servia primeiramente aos interesses dos mercadores das ilhas de São Tomé e Príncipe, e depois aos mercadores portugueses, que iriam revendê-los nos portos das capitanias criadas no Brasil durante os primeiros tempos da colonização.

No século XVIII, o golfo da Guiné voltou a sediar os principais centros de fornecimento de cativos, embora os portos de Angola e Moçambique continuassem a ser frequentados pelos traficantes. O número de cativos passou então a oscilar entre 30 mil e 50 mil indivíduos de ambos os sexos por ano. Entre 1751-1800, foram comercializados 3.780.000 deles, e entre 1801-1870, cerca de 3.270.000.

Não é de admirar que o impacto da perda humana tenha sido gigantesca. Por causa dela, houve um descompasso entre o crescimento demográfico da África e de outros continentes. Enquanto nos demais a população cresceu progressivamente, na África ela se manteve estacionária, ou diminuiu.

OS AGENTES

Mesmo durante o século XVI, quando Portugal dominou o tráfico escravista nos dois lados do continente africano, os grupos nele envolvidos eram muito variados e algumas vezes concorrentes entre si. O principal interesse da Coroa portuguesa era a descoberta e exploração das minas de ouro, de modo que restava aos mercadores e fidalgos, envolvidos nas questões de além-mar, grande margem de possibilidades. Eram esses que, com capital suficiente para aparelhar, manter e abastecer as caravelas, podiam realizar as viagens de longo curso implicadas no comércio luso-africano.

Mas desde o final do século XV, outros grupos de interesse entraram em cena e passaram a ocupar espaço no tráfico escravagista.

O primeiro foi o grupo dos *lançados*, isto é, dos emigrantes portugueses que se estabeleceram em Cabo Verde, São Tomé e Príncipe e no golfo da Guiné, para explorar as riquezas naturais e povoar as ilhas. Seu envolvimento na instalação de fazendas de cultivo de produtos destinados ao comércio europeu, como a cana-de-açúcar, fez com que se tornassem logo escravocratas. Foram eles, assim como os primeiros açorianos da ilha do Corvo, que introduziram a escravidão em larga escala, a partir do espaço atlântico africano. Compravam cativos dos mercadores instalados nos forte de São Jorge da Mina, Arguim e Axim, e depois negociavam "peças" diretamente no Congo e Ndongo.

A eles foram se juntando os "mulatos", mestiços luso-africanos cujo conhecimento da África e dos africanos oferecia-lhes boas possibilidades de negócio e cujos interesses foram gradualmente se distanciando da metrópole distante.

Os comerciantes portugueses desenvolveram em suas áreas de contato um complexo sistema de trocas, pelo qual obtinham o que mais lhes interessava, que era o ouro. Compravam cobre extraído no reino do Congo, pagando-lhes com cauris (búzios) trazidos das ilhas Maldivas, que também fazia parte de seu extenso império marítimo. O cobre era levado até o Benin, onde era trocado por escravos, que por sua vez eram revendidos na Costa do Ouro aos povos akãs, em troca do ouro que ali era abundante.

Observe então que, no princípio, o tráfico de escravos era uma atividade subsidiária. Com tempo, e com a colonização americana, os escravos tornaram-se o objetivo essencial do comércio transatlântico, alimentando o sistema colonial em todas as suas pontas, na África, Europa e América.

Na metade do século XVII, após o período do domínio espanhol filipino (1580-1640), a hegemonia dos mercadores lusos e da Coroa portu-

108 HISTÓRIA DA ÁFRICA

guesa foi minada por novos grupos de interesse que emergiram no próprio espaço colonial.

No que respeita ao tráfico atlântico, nota-se o gradual fortalecimento de "luso-brasileiros", isto é, portugueses estabelecidos no Brasil ou descendentes de portugueses nascidos no Brasil, no comércio dos portos de Luanda. Eram negociantes nascidos em Pernambuco, Bahia e, principalmente, no Rio de Janeiro, que com o tempo passaram a disputar a atividade do tráfico negreiro.

No mesmo instante, na África Central, surgiam grupos especializados em capturar e transportar cativos para o litoral, os "pombeiros". Isso prova que a regularidade do comércio escravagista promoveu sua crescente especialização, envolvendo diferentes grupos e atividades.

Os interesses portugueses eram amplamente contestados pelas principais potências europeias, que entraram na disputa pelos lucrativos negócios com a África. Os franceses instalaram-se em 1639 numa ilha da foz do rio Senegal, onde construíram o forte de Saint Louis, passando a controlar o comércio desde o Senegal até a região do rio Gâmbia. Mais abaixo, na Costa do Ouro, mercadores e companhias de comércio inglesas, holandesas, suecas, dinamarquesas e brandenburguesas passaram a disputar a posse dos fortes e o comércio com os povos do litoral, que se tornaram seus principais fornecedores de cativos. Entre os fortes mais importantes, de Acra, Arguim e Axim, foram edificados 11 outros feitos por holandeses e 8 edificados por ingleses.

O comércio tendeu a ser cada vez mais regulamentado e controlado por instituições metropolitanas, como o Conselho Ultramarino em Portugal (1640), a Companhia das Índias Orientais e a Companhia das Índias Ocidentais, na Holanda, e a Royal African Company (Companhia Real da África) (1672), compostas por representantes diretos das monarquias para gerir a atividade dos grupos de mercadores, garantir o monopólio, estabelecer contratos de exploração e fixar tarifas e impostos. Foram então introduzidas determinações com relação ao frete de navios, às modalidades de exploração das minas de ouro e prata eventualmente encontradas e às condições do comércio negreiro. Os fortes eram dirigidos por capitães, dotados de amplos poderes e submetidos diretamente aos organismos metropolitanos.

O TRÁFICO DE ESCRAVOS **109**

As regras que deviam orientar o comércio seguiam as determinações habituais mercantilistas: comprar pelo preço mais baixo, eliminar a concorrência, acumular metais. No contato com as populações locais, os europeus valiam-se de guias, intérpretes e intermediários nativos, a quem pagavam com presentes ou então com porcentagens em dinheiro que variavam entre 6% ou 7% do valor das mercadorias comercializadas, inclusive as "mercadorias vivas".

A esses intermediários nativos, devem-se acrescentar os chefes africanos que exerciam autoridade nas áreas tocadas pelo tráfico. Eram eles que, de modo geral, monopolizavam o fornecimento, obtendo cativos em guerras ou em expedições de apresamento. Eram também eles que recebiam gratificações e presentes, forma velada de pagamento, pela autorização concedida aos estrangeiros para permanecer em suas terras.

Segundo as informações de um comerciante holandês que frequentou o golfo da Guiné em 1702, antes de iniciar o comércio de cativos, qualquer navio devia pagar ao rei local 24 medidas de cauris, equivalente a 1.080 libras de peso, ou 486 kg; aos capitães dos fortes e às autoridades locais, o equivalente a 225 libras, ou cerca de 100 kg. Além disso, os reis deviam ser presenteados, bajulados, cortejados, tal como aparece de modo recorrente nos relatos de viagem e diários deixados pelos mercadores de escravos do golfo da Guiné, entre os quais o francês L. F. Romer (1700-1705) e o inglês Robert Norris (1772).

AS CONDIÇÕES DO TRÁFICO NO FORTE DE UIDÁ NO INÍCIO DO SÉCULO XVIII

Leia a seguir a descrição feita em 1705 sobre a condição dos escravos no forte de Uidá, no Daomé, por William Bosman, holandês que atuou durante certo tempo como subcomandante na região da Costa da Mina, a serviço da Companhia Geral das Índias:

A gente de Uidá dedica-se de tal forma ao negócio de escravos que consegue fornecer mil por mês...

110 HISTÓRIA DA ÁFRICA

Quando os escravos chegam a Uidá, metem-se todos juntos numa prisão e, quando queremos comprá-los, levam-nos para uma grande praça onde, após os despirem sem distinção de sexo, eles são inspecionados em pormenor pelos nossos cirurgiões. Põem-se de lado os que estiverem em bom estado, e aqueles a quem falta qualquer coisa são colocados junto dos impotentes, que aqui se chamam macrons; como, por exemplo, os que têm mais de trinta e cinco anos, os que apresentam os braços ou as pernas estropiados, aqueles a quem falta um dente, os que têm cataratas nos olhos ou uma doença vergonhosa.

Entretanto, é colocado na fogueira um ferro com as armas da Companhia e aplica-se esse ferro quente no peito dos escolhidos.

Não demoramos muito a negociar esses escravos, uma vez que o preço está regulamentado, valendo as mulheres menos 1/4 ou 1/5 que os homens.

Em seguida, os escravos são novamente metidos na prisão onde vivem à nossa custa; pode alimentar-se um escravo duas vezes por dia, mas só a pão e água; assim, para evitar a despesa, enviamo-los para os navios logo que podemos. Antes disso, os donos tiram-lhes tudo o que eles possuem e entram completamente nus nos navios e permanecem assim, a menos que os donos dos navios tenham a compaixão suficiente para lhes dar roupa para cobrirem aquilo que o pudor não permite que ande à mostra. Um navio chega a transportar 600 ou 700 duma só vez.

Por vezes, sentimos certas dificuldades com os escravos dum certo país bastante afastado da costa, pois esses pobres inocentes imaginam que os compramos apenas para os engordar, no fito de conseguirmos boa carne.

Fonte: BOSMAN, William. Voyage de Guiné (1705). In: COCQUERY-VIDROVICH, Catherine. *A descoberta de África*. Lisboa: Edições 70, 2004, pp. 130-1. (Lugar da História)

A prolongada atividade comercial no litoral africano estimulou, com o tempo, o aparecimento de um grupo social novo, desvinculado das formas tradicionais de inserção social. Eram homens por vezes de origem popular, ou mesmo de origem escrava, que, rompendo com os costumes tradicionais, contrários ao acúmulo de riqueza pessoal, dedi-

O TRÁFICO DE ESCRAVOS **111**

caram-se ao comércio e adquiriram riqueza, poder e prestígio. Eram os "príncipes mercadores", alguns dos quais alcançaram grande notoriedade e passaram a rivalizar com os chefes e linhagens em suas terras. Entre eles estavam negociantes como Edward Barter, morto em 1702, John Kabes de Komenda, morto em 1720, John Konny de Ahanta, morto em 1724, todos da Costa do Ouro.

Na região entre os rios Níger e Cross, surgiram grupos comerciais muito influentes, compostos por indivíduos de diferentes origens, livres ou escravos, ligados por interesses econômicos e organizados em "casas" comerciais cujos chefes assumiram posições importantes nos territórios da atual Nigéria. Na primeira metade do século XIX, um escravo originário do grupo ibo, chamado Já Já, tornou-se chefe de uma dessas "casas" na cidade de Bonny. Ele assumiu a liderança dos negócios em todo o delta do Níger, e as demais "casas" tiveram que lutar para conservar sua independência.

Exímios conhecedores das condições locais, e experiente o suficiente para negociar com os europeus, essa minoria de mercadores de origem africana tinha condições de enviar seus filhos para serem educados na Europa, de onde retornavam com ótima formação. Segundo consta, o primeiro africano graduado numa universidade europeia foi Anton Wilhelm Amo, nascido no grupo nzima, na Costa do Ouro. Ele estudou entre 1727-1740 em Halle e em Wittenberg, na atual Alemanha, e depois lecionou nessas universidades.

Outro grupo influente de intermediários ao fim do século XVIII eram os "brasileiros", constituídos de mestiços luso-brasileiros que se estabeleceram nos domínios dos reinos do Benin e do Daomé. Alguns podem ter sido ex-escravos retornados à África que não foram reabsorvidos pelas populações locais devido à perda dos vínculos de linhagem provocada pelo tráfico. Outros eram negociantes que se lançaram no tráfico atlântico de escravos, galgando posições importantes junto aos governantes africanos.

O negociante de maior projeção nasceu na Bahia e chamava-se Francisco Félix de Souza (1754-1849), ou simplesmente Chachá, como ficou lembrado pela posteridade. Ele se ligou no Daomé ao rei Ghezo (1818-1858) por um pacto de sangue e recebeu o governo do forte de

112 HISTÓRIA DA ÁFRICA

Uidá, tornando-se nas primeiras décadas do século XIX o maior traficante de escravos de toda a costa, respeitado na África e na Europa. Sua família continuaria a desfrutar de posição de prestígio até a incorporação do Daomé aos domínios franceses.

OS PRODUTOS DE TROCA

No lucrativo comércio estabelecido entre as elites locais, as companhias de comércio europeias e os mercadores europeus, euros-africanos ou americanos, as equivalências deviam ser feitas entre mercadorias apreciadas na África, contra cativos e metais preciosos africanos, que constituíam praticamente as únicas mercadorias de interesse no tráfico atlântico. Essa equivalência podia variar de local para local e de época para época.

Para se ter uma ideia de como se processavam as trocas, observe a seguir a quantidade de mercadoria dada por cada cativo adulto do sexo masculino, no golfo da Guiné, entre os anos 1725 e 1727, de acordo com as anotações de um negociante francês:

* 180 libras (81 kg) de peso em cauris (búzios)
* 4 a 5 potes de aguardente
* 40 a 50 peças de tecidos de linho
* 300 libras (135 kg) de peso em pólvora
* 25 a 30 espingardas
* 40 a 45 barras de ferro compridas
* 20 cachimbos da Holanda

Durante todo o período em que se manteve o tráfico, alguns produtos provenientes da Europa interessaram aos governantes e às elites africanas, e sua comercialização foi estimulada pelos mercadores e capitães dos fortes costeiros. Outros produtos foram introduzidos no circuito comercial e acabaram se tornando muito apreciados pelas populações locais.

De todos os produtos estrangeiros, os que tiveram maior presença nas negociações foram os equipamentos bélicos ou os produtos

O TRÁFICO DE ESCRAVOS **113**

utilizados em guerra. Os estrangeiros dispunham de tecnologias que os africanos perceberam a potencialidade e as possibilidades como forma de expressão de poder.

Os povos jalofos da Senegâmbia, por exemplo, demonstravam desde os primeiros contatos com os portugueses, no século XV, especial interesse pelos cavalos, que além de serem importantes em suas ações militares, conferia prestígio a quem os possuísse.

As armas de fogo permaneceram durante muitos séculos na lista de produtos valiosos do comércio. Não por causa de sua capacidade letal ou de sua eficácia nos combates, que eram pequenas, mas pelo prestígio conferido a quem as possuía, que se igualavam aos brancos.

Os arcabuzes e mosquetes adquiridos no litoral e depois revendidos dali para o interior eram armas que exigiam preparação a cada disparo, eram pouco certeiros além de um limite de cerca de 100 metros, e nem sempre funcionavam. Sua finalidade era mais dispersar o inimigo, devido muitas vezes mais ao barulho do que aos ferimentos que provocavam. Foi o barulho dos arcabuzes utilizados pelos marroquinos que, tendo assustado os cavalos, desorganizou o campo dos guerreiros songai na batalha de Tondibi em 1591.

Além disso, o uso dessas armas era, por vezes, visto com restrição por indivíduos pertencentes a sociedades altamente militarizadas, onde a glória pessoal ou coletiva dependia da habilidade no manejo de armas brancas. Sabe-se que podia acontecer de as armas de fogo serem repassadas aos grupos sociais de mais baixo escalão, e mesmo aos escravos.

A eficácia das espingardas dos séculos XVIII ao XIX era maior, e seu uso tornou-se mais frequente nos combates. Os Estados mais poderosos eram justamente aqueles que introduziram o uso dessas armas em larga escala, como o reino de Daomé, Oió e a Confederação Achanti. Nesse tempo, em toda a África Ocidental o número de importações de espingardas oscilou entre 140 mil no ano de 1796, 210 mil em 1799, 220 mil em 1802. A importação de pólvora também aumentou: 122.400 kg em 1750, 373.500 kg em 1770 e mais de 900.000 kg em 1790.

No golfo da Guiné e na África Central, outra mercadoria que ganhou progressiva importância nas transações foi o tabaco, o fumo, pro-

114 HISTÓRIA DA ÁFRICA

duzido nas fazendas do Nordeste brasileiro como atividade subsidiária ao ciclo do açúcar.

No século XVII a plantação de fumo destinado a ser exportado para a Europa mostrou ser uma atividade muito rentável aos fazendeiros da Bahia e de Pernambuco. Mas na seleção das folhas do tabaco, apenas as melhores deviam ser utilizadas na preparação dos rolos com destino a Portugal. As piores, de terceira qualidade, eram destinadas ao consumo local, ou revendidas na Costa da África. Para que não umedecessem ou secassem demasiadamente, os rolos eram recobertos com melaço de cana. Isto lhe deu um sabor particular, adocicado, que agradou os africanos.

Na passagem do século XVII para o XVIII, de atividade secundária o fumo passou a constituir produto de exportação extremamente valorizado no comércio atlântico com a África, e um meio seguro para a obtenção direta de mão de obra escrava. Isso teve reflexos nas atividades comerciais de outros países, como a França, que adotou a prática de oferecer rolos de fumo aos intermediários do comércio local, e a Inglaterra, que introduziu o cultivo do fumo em suas colônias.

Mas o sucesso maior desse comércio coube aos "brasileiros", à revelia dos interesses da Coroa portuguesa, que em vão tentou enquadrar, e depois proibir, a circulação das embarcações. Sem sucesso, aliás, pois no lapso dos 30 anos situados entre 1680 e 1710, 368 navios carregados de fumo ancoraram nos portos do golfo da Guiné, sobretudo em Uidá, que na época era uma das mais importantes fontes de fornecimento de cativos.

Na África Central, a intensificação do comércio escravista andou em paralelo com a difusão do consumo de bebidas alcoólicas.

Os africanos conheciam e consumiam bebidas antes dos contatos com os europeus, e sobre isso há diversos comentários dos cronistas e viajantes que as experimentaram e comparavam o seu teor alcoólico e o seu sabor com os das bebidas europeias.

Em todo Sudão Ocidental e no golfo da Guiné, consumia-se o vinho de palma. No Congo, essa bebida, conhecida como malafu, ou malavu, era obtida com a fermentação do sumo leitoso extraído da palmeira de ráfia. Outra, conhecida como ovallo, ou walo, era uma espécie de cerveja produzida a partir de uma variedade de cereais locais, especialmente de milho-painço e de sorgo.

O teor alcoólico das bebidas africanas era, contudo, muito baixo: o da cerveja era de cerca de 2% e o do vinho de palma girava em torno de 5%. Ao que parece, apenas quando ingeridas de forma excessiva causavam embriaguez. Seu consumo ocorria em determinadas festividades, inclusive em rituais religiosos.

A introdução do álcool não africano pelos negociantes europeus alterou completamente a frequência e os usos associados ao seu consumo. Já nas primeiras embarcações que aportaram na África, na América ou nas Índias Orientais, a quantidade de barris de vinho era grande. Consta que na expedição comandada por Pedro Álvares Cabral, em 1500, as embarcações carregavam 763.112 litros de vinho para o consumo da tripulação, estimada em 1.200 homens. Em toda a Europa, aliás, o consumo de vinho e cerveja era bastante elevado.

Já nos primeiros tempos dos contatos com as populações do golfo da Guiné e da África Central, era frequente a oferta de vinho aos chefes locais e aos intermediários dos negócios europeus, como agrado ou como forma de pagamento pelas mercadorias obtidas, e entre elas os escravos.

A oferta aumentou gradativamente, na mesma proporção em que aumentava o número de cativos embarcados nos fortes do litoral. Além da ampliação do consumo, o teor alcoólico do vinho europeu era muitíssimo superior ao vinho africano: oscilava entre 9% e 12%, e o vinho fabricado na ilha da Madeira atingia até 17%.

A partir de 1650, a posição privilegiada do vinho como valor de troca no tráfico de escravos cedeu lugar a uma bebida nova, produzida no litoral brasileiro e nas Caraíbas, com os restos depurados e destilados da cana-de-açúcar, muito mais forte e mais barata, chamada cachaça, ou gerebita. Ela era distribuída aos intermediários do negócio, aos apresadores de escravos, os *pombeiros*, e oferecida como moeda de troca. Nas áreas de influência inglesas e francesas, o rum e o gim foram utilizados com idêntica finalidade.

116 HISTÓRIA DA ÁFRICA

O saldo desse comércio insidioso foi enorme para os africanos, tanto aos que eram trocados por álcool quanto para os que o consumiam. De fato, houve um gradual aumento do consumo de bebidas, e os números e estimativas resultantes da avaliação dos especialistas são assustadores.

Segundo consta, em 1780, a África Ocidental importava cerca de 2.880.000 litros de álcool estrangeiro por ano. Durante o século XIX, a média anual passou dos 3.840.000 litros da década de 1820 para 23 milhões na década de 1860. Desde então, o consumo de bebidas alcoólicas tornou-se um problema endêmico em todo o continente.

DIÁSPORA NEGRA

Ao serem arrancados de suas terras de origem, os cativos, transportados nos navios negreiros, passavam por um segundo processo de desterritorialização. Os negreiros espanhóis, franceses e ingleses faziam paradas regulares em diferentes portos da América Central e da América do Norte, e os negreiros luso-brasileiros atracavam nos portos de Santos, Rio de Janeiro, Salvador e Pernambuco. Separados nas embarcações, os cativos seriam selecionados e revendidos ao longo da costa americana, para serem reinseridos socialmente na condição de escravos.

Estudos recentes têm demonstrado que o processo de fusão entre povos de diferentes localidades começava a ocorrer na própria África, antes do embarque. Os fortes litorâneos eram pontos de circulação de pessoas, de encontros entre diferentes grupos. Já nesses pontos de contato, tenderam a surgir línguas gerais, como a língua iorubá e o mandê, estilos compósitos na forma de trajar e nos padrões de consumo.

Como uma das justificativas ideológicas ao aprisionamento das populações africanas era a sua posterior conversão ao cristianismo, antes da travessia do Atlântico muitos cativos eram batizados e começavam a receber os rudimentos da doutrina cristã, que, no final, era assimilada mais em suas formas rituais exteriores e no uso de certos símbolos (como a cruz) do que em sua doutrina e em seus princípios morais.

De qualquer modo, no momento em que as embarcações deixavam a África, os indivíduos vendidos ou entregues como cativos eram eliminados socialmente da convivência ancestral e da memória coletiva dos que ficaram. Conta-se que no forte de Uidá, na atual República do Benin, os cativos prestes a serem embarcados eram obrigados a dar certo número de voltas em torno de uma árvore, que ficou conhecida como "árvore do esquecimento". Era um ritual de separação a partir do qual o indivíduo seria considerado simbolicamente morto, para que sua alma não voltasse e se vingasse dos que ali permaneceram.

Não obstante, foi a memória da África como terra ancestral que deu aos cativos transportados para o Novo Mundo condições para sobreviver ao processo de espoliação a que se viram submetidos e lhes oferecer alternativas novas de convivência e de resistência. Privados da liberdade, restou-lhes a lembrança de seu modo de vida e a vontade para, em outras terras, e com outros povos, reinventar sua história.

Nesse amplo processo de reorganização social, os africanos e afrodescendentes da diáspora, quer dizer, herdeiros da migração forçada produzida pelo tráfico, contribuíram decisivamente para imprimir na América marcas novas do que se poderia denominar africanidade. Isso ocorreu nos territórios da Nova Espanha, nas terras da Nova Inglaterra, nas Antilhas, na colônia francesa de São Domingos (atual República do Haiti) e no Brasil.

É difícil medir o grau de dispersão resultante do tráfico devido à ausência de documentos detalhados deixados nos engenhos, fazendas e demais estabelecimentos para onde os cativos foram enviados.

Uma das raras exceções ocorreu no final do século XVII no engenho Remire, em Caiena, na Guiana Francesa, devido ao minucioso inventário deixado pelo administrador Jean Goulpy des Marets, relativo aos anos 1688-1690. Ele registrou a exata proveniência de cada escravo, indicando às vezes o nome da localidade de onde provinha da África, o nome do navio que o trouxe, a data e a hora da chegada, e algumas informações biográficas. Embora os dados resultantes do exame desse documento não possam ser tomados como representativos do que se passava em outras

118 HISTÓRIA DA ÁFRICA

partes da América, servem pelo menos como indícios que revelam a grande capacidade de readaptação de um grupo específico de cativos.

O Engenho Remire era abastecido por navios franceses e holandeses provenientes de locais diferentes da costa africana e transportavam pessoas pertencentes a, pelo menos, sete povos. O maior número de cativos, 28, provinha da região ao redor de Allada, no Daomé, e do extremo sul do golfo da Guiné. Outros 11 foram capturados na região de Angola, e já vieram batizados da África. Por fim, 9 eram da região de Senegal e Serra Leoa. O que se pode perceber é que, preferencialmente, os cativos ligavam-se entre si, por casamento ou outra forma de associação, sobretudo dentro de suas próprias "nações" de origem.

Era impossível, entretanto, num processo tão acentuado de dispersão evitar que as relações entre cativos fossem alargadas, e que eles recriassem formas coletivas originais. Surgiram falares novos, miscigenados, fusões de crenças e estilos que iriam se projetar do meio escravo para toda a sociedade.

Desde o início do século XVII, multiplicaram-se na América as irmandades negras, ou confrarias, como espaços de sociabilidade e de construção de identidade dos cativos. No Brasil, as lideranças desses grupos, que desempenhavam papel não apenas religioso, mas também de intermediação política dos cativos com os senhores e com as autoridades, ficaram conhecidos como reis Congo. Eram eleitos pelas irmandades de Nossa Senhora do Rosário ou de São Benedito. Não eram os continuadores dos antigos reis do Congo, mas lideranças novas, cuja autoridade adaptava-se às condições impostas pelo cativeiro.

Ocorreu um processo de ressignificação dos cultos e práticas das religiões tradicionais africanas, entre si, e com o catolicismo oficial. No Brasil, a origem dos "terreiros" encontra-se nas formas de convivência criadas nas senzalas, a habitação coletiva dos escravos. Ali seriam juntadas num mesmo espaço divindades e entidades de proveniência diversa na África. Daí as profundas correspondências entre o candomblé brasileiro, a santeria de Cuba e o vodu do Haiti, onde são cultuadas as entidades sagradas, designadas orixás, ou voduns. Suas raízes encontram-se entrelaçadas aos cultos realizados nos antigos reinos de Benin e Daomé, através dos quais se projeta no além o culto aos preexistentes, aos ancestrais.

O terreiro, local de aglutinação dos cativos e dos seus cultos de possessão, chamados no período colonial brasileiro de batuque ou calundu, aproxima Iemanjá e Xangô, Iansã, Oxum, Ogum e Exu, recriando sua mitologia.

A origem de algumas comunidades miscigenadas de africanos esteve vinculada, às vezes, a acontecimentos excepcionais que permitiram aos cativos redefinir sua condição. Talvez em decorrência de revoltas de cativos no interior dos negreiros, ou simplesmente de naufrágios, a alguns sobreviventes foi dada a oportunidade de recomeçar sua história. Isso ocorreu com uma comunidade de ex-cativos no Panamá, cuja existência é atestada em 1513. Outra delas ocupava uma parte pouco explorada da Jamaica em 1670. Mas o caso mais extraordinário é o dos angolares, um povo de pescadores que habita até hoje o sul da ilha de São Tomé e Príncipe, na África, cujos antepassados parecem ter sido para lá levados após o naufrágio de uma embarcação portuguesa proveniente de Angola na metade do século XVI.

As tradições africanas também serviram de referência para a reorganização social das comunidades de cativos que se opuseram, pela fuga, pela rebelião ou pelas armas, ao sistema escravista. Nas colônias espanholas, os redutos de escravos recebem o nome de cimarron, e nos domínios franceses, de marronnage. Ambas as designações encontram sua origem etimológica no termo *maroon*, empregado para identificar os escravos fugidos.

O equivalente, no Brasil, foram as comunidades denominadas mocambo, que mais tarde passaram a receber o nome de quilombo. Eram pequenas Áfricas cravadas em solo americano, que reproduziam as formas comunitárias tradicionais, mas encontravam-se abertas à incorporação de grupos sociais não escravizados e à negociação com os integrantes sociais do ambiente em que foram criadas.

A ABOLIÇÃO DO TRÁFICO

Participantes ativos, de bom ou de mal grado, no tráfico de escravos, os governantes e negociantes africanos tiveram que se adaptar aos novos

120 HISTÓRIA DA ÁFRICA

tempos ao longo do século XIX, quando as potências europeias, encabeçadas pela Inglaterra, mudaram de posição, passando a defender a abolição do comércio de escravos e da escravatura.

Muito antes da data oficial da proibição da escravatura na Inglaterra e em suas colônias, ocorrida em 1803, ganhou corpo na Europa e nos Estados Unidos um amplo movimento que, em nome do humanitarismo, da fraternidade cristã e dos princípios modernos da vida social, defendia o fim da escravidão. Com grande ressonância entre os iluministas franceses, escritores ingleses e norte-americanos, o movimento se fortaleceu, sobretudo, após a Revolução Francesa e a independência dos Estados Unidos, cuja bandeira principal era a liberdade e afirmação dos povos.

É claro que havia nessa mudança de perspectiva do Ocidente uma grande margem de cálculo econômico e político, algo que os próprios abolicionistas não escondiam. Em todo caso, a abolição da escravatura liga-se diretamente ao fenômeno da Revolução Industrial. Mantendo os africanos na África, seria possível fazer com que produzissem mais matérias-primas a baixo custo e se tornassem consumidores potenciais dos produtos industrializados.

A política antiescravista da Inglaterra, que ocupava a posição de potência econômica e militar de primeiro plano na Europa e fora dela, foi imposta em toda parte. A partir de 1808, o governo britânico manteve permanentemente uma esquadra que chegou a ser integrada por 30 navios ao largo das costas ocidentais da África, enquanto outros navios patrulhavam no oceano Índico, nas Antilhas e no litoral americano. Paralelamente, seus representantes realizavam uma extensa campanha diplomática nos demais países europeus envolvidos no comércio internacional, o que levou a França, a Holanda, a Rússia e mesmo os países mais resistentes, como Portugal e Espanha, a adotarem formalmente medidas contra o tráfico.

Sem o apoio institucional que lhe dera sustentação até o século XIX, o tráfico de escravos caiu aos poucos na ilegalidade, mas continuou a ser praticado em proporção cada vez mais reduzida até 1890. Entre os países que continuaram a se beneficiar dele, destacam-se Cuba, Estados Unidos e Brasil, que importara ao longo do século XIX 1.145.000 escravos, aproxima-

O TRÁFICO DE ESCRAVOS **121**

damente 60% de todo o contingente humano transferido para a América naquele período. O tráfico continuou igualmente a ser realizado através das cidades comerciais do oceano Índico até pelo menos 1890, onde circulavam anualmente entre 15 mil e 20 mil cativos anuais.

Os negociantes e governantes africanos tiveram que se adaptar, aos poucos, à nova situação e encontrar outras formas de comércio que lhes rendessem lucros. Em troca de produtos há muito apreciados, como o tabaco, as bebidas, metais e tecidos, a partir da década de 1810 passaram a oferecer produtos extrativos para exportação. Entre estes estavam a goma arábica do Senegal e Mauritânia, os sempre valorizados ouro e marfim, as peles e os produtos que exigiam maior investimento e preparo, como o algodão e, sobretudo, o óleo de palma – empregado na fabricação de sabão nas fábricas europeias. Exportava-se, ainda, o amendoim e comercializava-se localmente a noz-de-cola.

Aos poucos, ficaria patente para os europeus que a África constituía um mercado com imensa potencialidade, devido, principalmente, às suas enormes reservas vegetais e minerais, e também à presença de indivíduos que poderiam servir tanto como produtores quanto como consumidores.

Na segunda metade do século XIX, no mesmo instante em que se punha fim ao tráfico escravista, a presença europeia, marginal até então, ganhou maior vulto, até que o território africano foi literalmente redesenhado, e, como se verá no capítulo seguinte, a África acabou sendo arrancada aos africanos.

SUGESTÕES DE LEITURA

COSTA E SILVA, Alberto da. *A manilha e o libambo*: a África e a escravidão. Rio de Janeiro: Nova Fronteira, 2002.
> Obra fundamental para uma visão geral do período compreendido entre os séculos XVI e XVIII. O autor é grande conhecedor da documentação, das discussões historiográficas e das instituições sociais africanas. Foi como diplomata que entrou em contato com a complexa realidade das jovens nações da África Ocidental. Suas qualidades como escritor, membro que é da Academia Brasileira de Letras, lhe conferem recursos narrativos que permitem ao leitor apreender, através de uma documentação em geral produzida por europeus e muçulmanos, o provável ponto de vista dos africanos.

122 HISTÓRIA DA ÁFRICA

LOVEJOY, Paul. *A escravidão na África*: uma história e suas transformações. Rio de Janeiro: Civilização Brasileira, 2002.

Importante estudo sobre o desenvolvimento da escravidão na África, o foco dirige-se para os desdobramentos decorrentes do tráfico promovido pelos muçulmanos e sobretudo pelos europeus. O impacto da escravidão e do tráfico é examinado em profundidade, e apresenta-se a tese segundo a qual, antes do tráfico atlântico, vigorava nas sociedades africanas um "modo de produção de linhagem ou doméstico", que evoluiu depois para um "modo de produção escravista".

THORTON, John. *A África e os africanos na formação do mundo Atlântico*: 1400-1800. Rio de Janeiro: Campus, 2004.

Síntese de pesquisas e reflexões conceituais do renomado historiador norte-americano, especialista na história das formações sociais centro-africanas. O autor dedica três capítulos ao exame do papel da escravidão na África e ao significado do tráfico atlântico para os africanos, para os europeus e para os cativos transferidos ao Novo Mundo.

CAPELA, José. *O tráfico de escravos nos portos de Moçambique*: 1753-1904. Porto: Edições Afrontamento, 2002.

Estudo aprofundado dos mecanismos de funcionamento do tráfico de escravos, através do Índico e do Atlântico, a partir da análise do papel dos traficantes e negociantes, do movimento nos principais portos de Moçambique e das condições de vida impostas aos cativos nos séculos XVIII a XX. O autor é consagrado pesquisador da escravidão, e leciona na Universidade do Porto.

CURTO, José C. *Álcool e escravos*: o comércio luso-brasileiro do álcool em Mpinda, Luanda e Benguela durante o tráfico atlântico de escravos e seu impacto nas sociedades da África Central e Ocidental. Lisboa: Vulgata, 2000.

A obra consiste num trabalho amplamente fundamentado em fontes primárias e em extensa produção historiográfica sobre os desdobramentos do consumo de álcool entre os africanos. O autor demonstra com bastante erudição e clareza a constituição de um sistema de circulação de bebidas que ligava Europa, América e África ao tráfico de escravos.

VERGER, Pierre. *O fumo da Bahia e o tráfico de escravos no golfo do Benin*. Salvador: Universidade da Bahia, 1966.

Publicada primeiro como artigo na revista *Cahier d'Études africaines* em 1964, a pesquisa revela o modo pelo qual um componente secundário na colonização brasileira, o cultivo do tabaco, ganhou nova configuração ao ser associado ao tráfico de escravos africanos.

MEILLASSOUX, Claude. *Antropologia da escravidão*: o ventre de ferro e dinheiro. Rio de Janeiro: Jorge Zahar, 1996.

Ensaio de interpretação das diversas categorias econômicas na África Pré-colonial, em que o conhecido antropólogo francês, de formação marxista, estabelece uma distinção tipológica entre sociedades ditas de "partilha", baseadas na caça e na coleta; sociedades ditas de "transferência", em que há produção e redistribuição. Neste último caso, estuda-se em particular o papel da escravidão na constituição e circulação de bens e examinam-se atentamente sua especificidade e originalidade enquanto forma de exploração socioeconômica.

Heywood, Linda (org.). *Diáspora negra no Brasil*. São Paulo: Contexto, 2009.
 Nos estudos dedicados à diáspora, a ênfase costuma ser dada ao papel dos povos da África Ocidental na história do Novo Mundo. Nesta coletânea de textos, estudam-se os processos diaspóricos dos povos de matriz banto. Realizada por africanólogos norte-americanos herdeiros do legado intelectual do eminente pesquisador Jan Vansina, estão incluídos estudos sobre o processo de crioulização, o desenvolvimento das crenças religiosas tradicionais no Congo e a transferência de instituições sociais e sistemas de valores durante o longo período do tráfico de escravos.

Stweet, James E. *Recriar África*: cultura, parentesco e religião no mundo afro-português (1441-1770). Lisboa: Edições 70, 2007.
 Ao estudar os efeitos socioculturais do tráfico de escravos no âmbito do mundo português, o pesquisador norte-americano inova ao valorizar não as transformações imediatas, mas as continuidades das instituições e formas de sociabilidade africanas transportadas para o Brasil, que se mantêm durante todo o século XVI.

A condição colonial

Os rumos da história das sociedades africanas sofreram significativa alteração nas últimas décadas do século XIX devido ao domínio político-econômico exercido por representantes das potências capitalistas europeias. No período situado entre os anos 1870 e 1960, praticamente todo o continente foi colocado sob tutela de algumas nações da Europa Ocidental e reduzido à condição de colônias.

Mas ao contrário do que pode parecer à primeira vista, o século XIX não foi um momento de retrocesso ou de calamidades na África. Caracteriza-se como um período de grande vitalidade e dinamismo, de mutações profundas, em que determinados líderes carismáticos construíram talvez os maiores e mais poderosos Estados de toda a história africana, e tiveram que enfrentar

126 HISTÓRIA DA ÁFRICA

problemas novos, transitando entre a tradição e a modernidade. No domínio econômico, os elementos do dinamismo foram em parte gerados por impulsos exteriores, ligados ao capitalismo europeu, mas no plano político os avanços e inovações partiram do próprio continente.

A observação mais importante a ser feita diz respeito à extensão dos Estados africanos no século XIX. Nunca, num mesmo período, floresceram tantas formações políticas soberanas e surgiram líderes de Estado com tal capacidade de angariar e exercer poder. Sua principal habilidade consistiu em saber articular as instituições políticas tradicionais, baseadas nas linhagens, nas aldeias, nos clãs, com estruturas centralizadas e modernas. Era uma condição necessária para que pudessem fazer frente ao jogo complexo e perigoso das relações internacionais que envolviam os interesses capitalistas e dos Estados-nações europeus.

A AFIRMAÇÃO DO ISLÃ

Em toda a África Subsaariana, os séculos XVIII e XIX foram marcados pela afirmação do islã como força política unificada. Até então, como mostramos nos capítulos anteriores, a propagação do islã limitava-se aos grupos dominantes, sem alcançar a base da sociedade. A partir de então, a difusão da crença muçulmana deixou de se restringir às cortes dos reis e sultões para se impor à população.

Com a aquisição de poder por parte de determinados líderes, a bandeira da unificação se faria através da pregação religiosa e da guerra em nome da fé islâmica. O islã forneceu aos letrados a justificação das guerras contra os "infiéis" e, junto com elas, o quadro intelectual, jurídico e ideológico para a construção dos pilares do Estado. Isso pode ser observado tanto no Sudão Ocidental, da Senegâmbia ao vale do Níger e à Guiné, quanto no Sudão Oriental, na região do Alto Nilo.

No início do século XVIII, o islã tinha recuado em todo o vale do Níger diante das crenças tradicionais, que constituíam o fundamento ideológico dos Estados de Segu e de Kaarta, dominados pelos bamana ou bambara – termo que significa "pagãos".

A afirmação da doutrina corânica deve muito à ação de dois grupos étnicos que primeiro a adotaram e depois a impuseram aos seus rivais e vizinhos. De um lado, os povos fulas da região do Macina e do Futa Djalon. De outro, os povos hauçá, que a partir do Bornu e do Borgu avançaram por todo o território da Nigéria, impondo o islã pelas armas, sequencialmente às ações de exércitos, e pela palavra, após a expansão comercial promovida pelos mercadores.

Uma profunda reorganização e uma extraordinária expansão territorial fortaleceram a posição do islã entre os hauçás no princípio do século XIX, por meio da liderança do reformador religioso Osman Dan Fodio (1754-1817), que era bom conhecedor do direito e da teologia muçulmana. Num dos seus inúmeros escritos, o tratado político intitulado *Kitab al-Farq* (ou *O Livro da diferença entre o governo dos muçulmanos e os dos infiéis*), ele enumera uma longa lista de abusos, corrupção e opressão dos não crentes, os "infiéis".

Essa mensagem canalizou o apoio das camadas populares, sobrecarregadas pela aristocracia, e dos mercadores de grandes cidades como Katsina, Kano e Zaria, ligadas ao comércio transaariano. Estes grupos tornaram-se a base de apoio essencial do Estado fundado por Osman Dan Fodio em 1804, o Califado de Sokoto.

A *jihad* lançada por Osman Dan Fodio não tinha precedentes na história africana pela sua intensidade, por sua amplitude e por suas consequências. As vitórias alcançadas em batalhas travadas desde o ano de 1804 até 1809 deram origem a um vasto território, controlado pelos hauçás, que abrangia partes do deserto do Saara (planalto de Air) ao Norte e partes da floresta equatorial, ao Sul.

Reivindicando a autoridade dos sucessores de Maomé, o líder africano portava o título de *sarkin musulmi*, que correspondia ao tradicional título de califa, isto é, "comandante dos crentes". O princípio dinástico, patrilinear, se impôs frente aos costumes matrilineares locais. O governo permaneceu sob o controle da linhagem do soberano, e quando morreu, em 1817, seu filho, Muhammad Bello, ocupou o seu lugar.

128 HISTÓRIA DA ÁFRICA

O centro do poder era a cidade de Sokoto, fundada por Muhammad Bello em 1809. As províncias conquistadas foram entregues a governantes nomeados com o título de emires. Alguns emirados periféricos, como Adamawa e Horin, preservavam certa autonomia, contudo.

A fixação de um poder forte e a consolidação da paz num espaço geográfico tão vasto beneficiaram as atividades econômicas, estimularam a circulação de mercadorias entre cidades de Kano, Katsina e Agadés e favoreceram o artesanato e a indústria local desenvolvida pelos hauçás e kanuris. Foram criadas estradas e cidades, intensificando a urbanização no vale do rio Benué, situação que se prolongou até o fim do século XIX, quando todo esse território caiu sob domínio dos britânicos, servindo de base para a formação da atual Nigéria.

Nas montanhas da região de Futa Djalon, na atual Guiné, desde meados do século XVIII emergiu outra formação social unificada de matriz islâmica, a partir da ação dos povos fulas. Na primeira metade daquele século, chefes fulas como Alfa Ibrahima lutavam contra os vizinhos em nome da imposição do islã, o que resultou na criação de um Estado teocrático nas décadas de 1760-1780.

À cabeça desse Estado, encontravam-se governantes de grandes famílias aristocráticas, a dos Alfa de Timbo e a dos Sori de Labé. Os soberanos eram eleitos com o título de *almami*, termo que na tradição árabe corresponde a "o imã", isto é, "o que dirige a oração". Eram entronizados na capital, Fugumba, e portavam turbante, inspirando-se nos rituais islâmicos antigos.

No Estado fula prevalecia uma hierarquia social muito rígida, cuja divisão fundamental separava os muçulmanos dos não muçulmanos. O topo da pirâmide social era partilhado por uma aristocracia militar e por letrados versados no Corão, conhecidos como marabus. Estes eram admirados por sua sabedoria e devoção e por sua capacidade de cura e adivinhação do futuro. Depois vinham os homens livres, fulas e de outros grupos que adotaram o islã; e na base havia grande contingente de dependentes, servidores e escravos. Estes últimos trabalhavam em aldeias de produção agrícola, em proveito da aristocracia fula.

A CONDIÇÃO COLONIAL *129*

Na região do vale do rio Senegal, o fortalecimento do islamismo deveu-se às orientações político-religiosas do reformador Omar Seydou Tall, lembrado na história como El Hadj Omar (1796-1864). Para tal, ele buscou apoio na confraria muçulmana da Tadjaniyya, composta por indivíduos das camadas populares, sobretudo por pequenos comerciantes e artesãos. Em nome de um islã renovado, ele e seus seguidores lutaram durante 12 anos em um guerra santa islâmica e constituíram um Estado teocrático e centralizado, o Império Tucolor.

Na metade do século, na região do Macina, no atual Mali, era o reformador e líder político Cheikhou Ahmadou (1774-1844) que iria se colocar como defensor de uma aplicação austera do islã. Foi a seu mando que os fulas da região do Segou fundaram a cidade de Hamdallay, nome proveniente do árabe que significa "louvor a Deus". A partir dela se estendeu um Estado controlado por um conselho de marabus, conhecedores do Corão e da tradição e jurisprudência islâmica.

A chefia cabia ao líder dos crentes, o *amir al-muminim*. O poder era exercido por oficiais militares (*amiru*) e por conselhos religiosos, conselhos judiciários e conselhos técnicos, integrados pelas lideranças locais. A aplicação rigorosa da lei corânica levou a que alguns estudiosos comparassem o Estado fula do Macina ao Estado protestante de Genebra dos tempos de João Calvino: o mínimo desregramento moral era reprimido, e eram proibidas as danças ruidosas, o consumo de bebida alcoólica e de tabaco.

Mas o líder africano de maior projeção na segunda metade do século XIX foi Samori Touré (1830-1900). Provinha de uma família de mercadores mandingas da Guiné, mas seu talento militar e sua capacidade como estrategista e chefe de Estado lhe permitiriam unificar o mais extenso e poderoso Estado da África Ocidental.

Para tal, foram fundamentais as alianças com inúmeros chefes locais, o que conseguiu por meio da persuasão, pela ameaça e pela guerra. No ano de 1881, o império mandinga erigido sob sua liderança englobava partes do território dos atuais países da Guiné, Mali, Serra Leoa e Libéria, numa área territorial que comportava uma população que beirava um milhão de pessoas.

130 HISTÓRIA DA ÁFRICA

Constituído por aproximadamente 15 mil homens na década de 1850, quando Samori começou a despontar como chefe regional, o exército samoriano era estimado em cerca de 50 mil soldados de infantaria e 4 mil cavaleiros em 1886. Organizados em diferentes linhas, esses soldados atuavam segundo uma formação que lembrava as partes de um corpo: havia a *nya*, ou "face", o *sissi*, ou "peito", situado no centro; e duas alas, chamadas "mão esquerda" e "mão direita", e o *kosi*, a "retaguarda".

Para manter os combatentes em ordem durante os combates, adotou-se a tática de avanço em seis linhas sucessivas, a primeira das quais, depois de disparar, se afastava para deixar passar a segunda e ir recarregar as espingardas, o que permitia o avanço constante das tropas. Esse exército era equipado com mosquetes tradicionais, mas a partir de 1891 o armamento passou a integrar modernos rifles de repetição comprados nos fortes ingleses de Freetown, e o treinamento das tropas contava com a instrução de desertores dos exércitos francês e britânico.

Do ponto de vista político, a forma de organização era a de uma monarquia. No princípio, Samori adotou o título de *faama*, habitual entre os chefes mandingas, que sintetizava as ideias de poder e autoridade. No exercício do poder, era auxiliado por um conselho de sete membros e por um corpo de servidores leais que organizavam e acompanhavam todos os assuntos de Estado. A base de sustentação econômica provinha de tributos impostos aos vencidos, venda de escravos de guerra, impostos de circulação de mercadorias e pelo saque promovido nas guerras.

À medida que os territórios incorporados foram crescendo, essa forma tradicional de governo se mostrou insuficiente, e então Samori foi buscar no islã as referências de organização política e de unificação. Na década de 1880, ele adotou ao menos formalmente o islã e começou a ser designado pelo título de *almami*. Seu conselho passou a ser integrado por marabus. O Estado assumiu aos poucos caráter teocrático.

A ascensão política de Samori coincidiu com o período de fortalecimento do imperialismo europeu na África, e a constituição do império mandinga o colocou em rota de colisão com a França, que na ocasião expandia-se a partir do Senegal.

A CONDIÇÃO COLONIAL *131*

As relações franco-mandingas oscilaram entre negociações diplomáticas, sucessivamente rompidas, e o enfrentamento aberto. Sucederam-se vitórias e derrotas parciais de ambos os lados. As tentativas de paz, como o Tratado de Kenieba Bura (1886) e o Tratado de Bisandugu (1887), visavam limitar a área de atuação das tropas samorianas e neutralizar suas negociações com os ingleses, que lhe forneciam armas de fogo.

Os governadores franceses destacados para o Sudão não escondiam o apoio que prestaram aos adversários locais de Samori para minar-lhe o poder. Durante a década de 1890, após fracassadas tentativas para que o Reino Unido arbitrasse o conflito com a França, e após sucessivas rebeliões de áreas conquistadas, o império aos poucos foi implodindo. Vencidos pelos franceses em 1894, os exércitos mandingas começaram a retrair. Em 1898, Samori acabou sendo aprisionado por uma tropa de atiradores a serviço dos franceses e levado para o Senegal. De lá, foi exilado para o Gabão, onde morreu dois anos mais tarde.

Do outro lado, no Sudão Oriental, o islã inspirava uma força política poderosa em Darfur e no Kordofan, sob a liderança de Muhammad Ahmad (1844-1885), conhecido como o "Mahdi", isto é, "Guia". Ele era considerado pelos seguidores como o guia infalível, o representante direto de Alá, a quem foi reservada a tarefa de criar um reino de justiça no mundo. Era, pois, um líder messiânico carismático, e nessa condição alcançou enorme popularidade.

Na segunda metade do século XIX, o Sudão continuava a gravitar em torno do Egito que, por sua vez, enfraquecia-se diante dos avanços político-econômicos dos europeus, sobretudo após a abertura do Canal de Suez em 1869. Uma revolta nacionalista chefiada pelo coronel egípcio Arabi Pasha foi esmagada pelos ingleses, que assumiram indiretamente o controle local.

Em 1881, um contingente egípcio armado de mosquetes e encarregado de localizar e prender o agitador sudanês foi vencido pelos partidários do Mahdi, armados de lanças e escudos, o que foi interpretado pelos vitoriosos como um "milagre", como uma prova da eleição divina de seu guia espiritual. Dois anos depois, em 1883, tomaram a cidade de Kordofan e

HISTÓRIA DA ÁFRICA

criaram um regime teocrático islâmico. Diante da gravidade do acontecimento, os ingleses foram forçados a abandonar o Sudão.

Na sequência, os sudaneses atacaram em 1885 a cidade egípcia de Cartum, e o general Gordon, representante inglês encarregado de manter a ordem, foi executado, teve a cabeça cortada e entregue ao Mahdi. O acontecimento causou grande consternação em Londres, e os britânicos preparavam-se para a revanche no mesmo instante em que o líder carismático morria sem deixar atrás de si um líder que estivesse à sua altura e pudesse lhe dar continuidade.

O Sudão passou, então, a ser pressionado, ou atacado, por diferentes potências europeias e pelo seu adversário histórico, o Egito. Ingleses e franceses avançavam através do mar Vermelho, enquanto franceses e belgas ocupavam a região do Bahr el-Ghazal, no Alto Nilo.

Em 1898, um exército anglo-egípcio invadiu o Sudão, devastando o território e atacando os grupos mahdistas. Ao que parece, foram mortos 11 mil e feridos 27 mil deles. O líder inglês, Herbert Kitchener, mandou retirar o corpo do Mahdi de seu túmulo e lançá-lo no Nilo. Pouco depois, o sucessor do Estado sudanês, Osman Digna, aprisionado, foi executado em praça pública.

Encerrava-se deste modo um dos capítulos mais sangrentos da conquista colonial europeia.

ENTRE A TRADIÇÃO E A MODERNIDADE

A atitude das lideranças africanas em face do expansionismo europeu não foi uniforme, nem seguiu os mesmos rumos. Dependeu do quanto a intrusão estrangeira ameaçasse diretamente a sua autoridade e a sua soberania. O certo é que, ao contrário do que a literatura colonialista acostumou a opinião pública europeia a pensar, a África não era uma terra "selvagem", refratária ao progresso e aos valores da civilização.

Um exemplo pouco conhecido, ou pouco valorizado, do quanto as sociedades africanas e seus líderes souberam se adaptar aos novos tempos encontra-se no reino Bamun, situado na atual República dos Camarões.

A CONDIÇÃO COLONIAL **133**

Remontando ao século XIV, o reino passou por profunda reformulação na primeira metade do século XIX, resultante de uma grande expansão territorial realizada durante o governo de Mbuembue. Integrantes de uma sociedade tradicional, cujas atividades essenciais assentavam na agricultura, no comércio e no artesanato local, os bamuns passariam por mudanças profundas durante o longo reinado de Njoya (1875-1933), que ascendeu ao trono em 1885. Dali até 1916, a sociedade bamun entrou em contato com o mundo exterior, fenômeno ao qual estão associadas diversas modificações, de grande alcance, que demonstram a grande capacidade de adaptação e inovação em face de contextos de mudança.

O primeiro aspecto a ser assinalado diz respeito à estratégia adotada por Njoya, diplomática e não militar, para evitar a incorporação do reino à esfera de influência europeia. Durante seu período de governo, o soberano africano soube manobrar e negociar com habilidade, evitando que durante algum tempo os territórios sob sua autoridade sucumbissem aos anseios colonialistas dos britânicos, alemães e franceses, até ser deposto por estes últimos em 1923.

Uma importante inovação relaciona-se com a islamização do reino. A identidade e a unificação proporcionadas pela nova crença permitiram aos bamuns melhores condições de resistir ao avanço do cristianismo europeu. Escolas corânicas foram criadas e o ensino foi entregue aos marabus.

Em 1905, Njoya permitiu que missionários cristãos alemães se instalassem no reino, reconvertendo a população para o cristianismo. Finalmente, em 1913, o rei decidiu criar uma religião nacional cujos preceitos e fundamentos aparecem sintetizados num livro chamado *Nkuet Kwate* (*Procura e Persegue*). Ela misturava elementos do cristianismo, do islã e das práticas animistas tradicionais, congregando em si diversos temas fundamentais numa leitura nova: a crença num deus único, universal (Nyinyi), noções de justiça e de salvação eterna.

No plano econômico, a abertura para o mundo exterior permitiu aos bamuns introduzir elementos da indústria e da tecnologia. Com os alemães, eles aprenderam técnicas de metalurgia, a construir moinhos de trituração do milho e fundaram uma tipografia para imprimir obras em

134 HISTÓRIA DA ÁFRICA

shumon, a escrita nacional bamun. O próprio rei deu a conhecer a história do seu povo, mandando escrever um livro sobre a história e costumes dos bamuns, concluído pelos eruditos em 1944.

Por todas essas iniciativas, a figura de Njoya contrasta com o perfil associado aos líderes africanos que governavam às vésperas ou durante o período colonial. Ele soube encontrar respostas para os problemas suscitados pela abertura do reino ao exterior. Soube dar mostras de ecletismo e adaptar as influências vindas de fora às realidades do seu país.

Uma situação oposta ocorreu com o reino da Etiópia. Situado em posição estratégica que permitia acesso ao mar Vermelho e aos portos do comércio árabe e asiático, teve que fazer frente a adversários históricos e à pressão crescente das nações colonialistas europeias.

Aos sucessivos conflitos com os egípcios e com os turco-otomanos, somaram-se ataques por parte da Inglaterra na década de 1860, após o negus Theodoro II ter mandado prender o legado britânico Lorde Cameron. Entre 1867 e 1868, um exército de 32.000 soldados atacou a Etiópia, e até 1875 o país permaneceu sob ameaça constante de ingleses e egípcios.

Estes últimos enviaram quatro expedições a partir dos portos do mar Vermelho, que foram derrotadas uma a uma, e no choque final, na Batalha de Gura, ocorrida em 1876, os egípcios perderam em solo etíope 30 canhões e cerca de 20 mil espingardas *Remington*. No reinado de Johanes IV, os etíopes apoiaram os ingleses no ataque aos adeptos do Mahdi, motivo pelo qual foram alvos de ataque do Sudão em 1884.

A presença europeia aumentou na década de 1880, e os portos do mar Vermelho foram disputados por italianos (Massawa), ingleses (Zeila) e franceses (Obok, Djibuti). O preço da montagem de um sistema defensivo, com a aquisição de armas, não era baixo, e quando logo no início de seu reinado o negus Menelique II, que governou entre 1889 e 1913, firmou com os italianos o tratado de Ucciali, a balança parecia pender para o lado dos europeus. Em troca de um empréstimo de 4 milhões de francos, da entrega de 38 mil espingardas e 20 canhões, os italianos tiveram como garantia o controle sobre as alfândegas do Harar e a anexação dessa província em caso de não receberem o valor emprestado.

A CONDIÇÃO COLONIAL **135**

As relações se deterioram a partir do momento em que, sem a aprovação do negus, os italianos fundaram Eritreia, o que significava a criação de uma base de poder territorial que ameaçava a soberania dos governantes etíopes.

Diante dos protestos e do ultimato lançado por Menelique II, o governo italiano atacou os etíopes em Adua no dia 1º de março de 1896. Confiantes de que obteriam vitória fácil, foram surpreendidos por um exército cujo contingente girava em torno de 70 mil homens. Na batalha, morreram cerca de 8 mil italianos, entre eles o general Baratiei, que os comandava, e 4 mil auxiliares somalis. A notícia teve grande repercussão, e colocou a Etiópia no cenário internacional. O governo italiano foi forçado a assinar um tratado pelo qual renunciava às pretensões territoriais e reconhecia a soberania etíope.

Na contramão da história, a Etiópia foi o único caso de um Estado africano que obteve sucesso ao impor pelas armas as determinações de suas fronteiras e defender suas prerrogativas num cenário marcado pelo avanço imperialista ocidental.

IMPERIALISMO E COLONIALISMO

Considerando as descrições apresentadas anteriormente, é possível observar o quanto o quadro geopolítico da África se agravou e tornou-se mais tenso a partir da década de 1880. Tal tensão e tal agravamento político-social ocorreram no momento a partir do qual houve uma ingerência direta da Europa nos destinos de todo o continente. Realmente, as décadas situadas entre 1880 e 1914 constituem um ponto de viragem importante. O aspecto essencial desse período foi que, pela primeira vez, e talvez única em toda a história, um continente inteiro caiu sob domínio de povos estrangeiros.

Em perspectiva conjuntural, este ponto de virada esteve associado ao desenvolvimento do capitalismo ocidental, em sua fase monopolista, caracterizada pela concorrência por mercados fornecedores de matérias-primas para a indústria, de mão de obra barata para a extração dessas matérias-primas e de mercados consumidores ilimitados.

136 HISTÓRIA DA ÁFRICA

O movimento de expansão originava-se em países que realizavam com sucesso a Segunda Revolução Industrial, que controlavam os meios técnicos para o desenvolvimento de armamento sofisticado, entre os quais rifles de repetição, e depois metralhadoras Maxim e Gatling, canhões, canhoneiras, navios bem equipados. As estradas de ferro foram vias de acesso importantes para a exploração efetiva de um território até então inóspito. Foram esses meios técnicos que deram condições para que os europeus pudessem, por fim, adentrar rumo ao interior do continente africano e exercer efetivo controle sobre ele.

O avanço da indústria farmacêutica permitiu a superação de alguns limites até então intransponíveis para os seres humanos que se aventuravam no ambiente tropical e equatorial, infestado de insetos transmissores de doenças mortais, principalmente a febre amarela e a malária. A fabricação em 1854 do quinino, alcaloide com funções antitérmicas, garantiu aos europeus maior capacidade de imunização, embora as doenças tenham continuado a ser o seu maior inimigo na África. Nada pôde ser feito, por exemplo, para remediar os efeitos devastadores da "doença do sono", transmitida pela mosca tsé-tsé.

A ocupação europeia foi antecedida de um lento e quase imperceptível movimento de exploração iniciado desde o final do século XVIII com a intenção de identificar os principais acidentes geográficos da África interior, a foz de seus mais importantes rios, os locais estratégicos de suas rotas. Nesse caso, o desenvolvimento da cartografia e da geografia acompanhou de perto a expansão imperialista e forneceu condições técnicas para a dominação político-econômica.

Um dos primeiros a adentrar esta parte pouco conhecida do continente foi o médico inglês Mungo Park, que entre 1795 e 1797 percorreu quase todo o território da África Ocidental, desde a desembocadura do rio Gâmbia até a curva do rio Níger. Em *Travels in the interior districts of Africa performed under the direction and patronage of the African Association* (*Viagens ao interior da África feitas sob a direção e financiamento da African Association*), ele deixou um retrato muito vivo e original das sociedades africanas, no qual prevalece a objetividade e, em certas passagens, a ad-

A CONDIÇÃO COLONIAL **137**

miração por grandes reinos e cidades, como Bambara, Silla e Tombuctu, pouco contactadas pelos europeus.

Esse movimento de exploração se acelerou. Na década de 1820, o governo inglês financiou expedições em direção ao Chade, e em 1826 o escocês Gordon Laing percorreu o Mali. Logo depois, era a vez do explorador francês Rene Caillé e do naturalista alemão Heinrich Barth, que descreveu a cidade de Kano, o reino de Bornu e a velha Tombuctu.

Na África Oriental e Central, o grande problema geográfico a desafiar a imaginação europeia era o mistério das nascentes do Nilo. Em 1856, a Sociedade Real de Geografia da Inglaterra financiou a expedição de dois exploradores, Richard Burton e John Hanning Speke. Depois de fracassadas tentativas, este último identificou a foz do maior rio do mundo em extensão, no ano de 1863. Pouco antes, eram identificados e mapeados o lago Tanganica e o lago Vitória – assim nomeado em homenagem à soberana britânica da época.

O PONTO DE VISTA DOS AFRICANOS A RESPEITO DOS BRANCOS

É difícil avaliar a maneira como os africanos se comportavam ou regiam diante dos brancos, em virtude da ausência quase total de fontes escritas deixadas diretamente por nativos. Mas é possível intuir certos traços dessa imagem a partir de determinados relatos deixados por europeus que se encontraram pela primeira vez diante de sociedades africanas ainda não contactadas pelos brancos.

O rei do Bondu disse-me que suas mulheres queriam muito me ver, e que teria muito prazer que eu fosse visitá-las. Imediatamente, um dos oficiais recebeu ordem de me conduzir aos aposentos delas. Mal entrei na corte, e fui cercado por um grande grupo. Umas pediam-me medicamentos, outras âmbar, e todas queriam experimentar esse grande remédio dos africanos, a sangria. As mulheres eram umas dez ou doze, na maioria jovens e bonitas, e traziam na cabeça ornamentos e ouro e grãos de âmbar. Fizeram troça de mim

> *a propósito de diversas coisas: riam-se sobretudo da brancura de minha pele e do comprimento do meu nariz, dizendo que tanto um quanto o outro eram artificiais. Diziam que me tinham embranquecido a pele mergulhando-me em leite quando eu era criança, e que me tinham alongado o nariz apertando-o todos os dias até ele ficar com aquela forma desagradável e anormal. Fingindo minha indignação, fiz um grande elogio da beleza africana. Elogiei a brilhante negrura de sua tez, a agradável forma achatada do seu nariz. Mas responderam-me que no reino do Bondu ninguém dava a mínima para a bajulação, ou, diziam com ênfase, à "boca com mel". Todavia, em reconhecimentos aos meus elogios, diante dos quais não eram tão indiferentes como aparentavam, deram-me de presente um jarro de mel e alguns peixes que me mandavam levar na casa em que eu ficava. Pediram-me entretanto que voltasse para minha terra até o pôr do sol.*

Fonte: PARK, Mungo. *Voyage dans l'intérieur de l'Áfrique fait en 1795, 1796 et 1797*. Paris: Franois Maspero, 1980, pp. 80-1.

O perfil mais completo de um explorador é o do pastor protestante David Livingstone (1813-1873), que chegou à África do Sul em 1849 e logo a seguir, para conhecer e compreender uma natureza que cada vez mais o atraía, adentrou através de uma parte do deserto do Kalahari, descobriu o lago Ngami, percorreu o rio Zambeze e atravessou Angola, até atingir o litoral do Atlântico em 1854. Em nova empreitada, identificou e mapeou o lago Niassa e percorreu o Tanganica, em busca das fontes do Nilo.

Morreu no meio da floresta, de febre, e foi conduzido por africanos que se fizeram seus companheiros nas expedições até o litoral, de onde seu corpo foi transportado para a Inglaterra e sepultado na abadia de Westminster. Em seus escritos, o que prevalece é a imagem de uma África inóspita, com seus povos "selvagens" bons e inocentes e a obra civilizadora dos cristãos europeus a quem competia a missão de "civilizar" o continente negro. Era a visão da África como um "fardo do homem branco".

Essa visão humanitária e aparentemente desinteressada diferia em muito daquela tida por Henri Morton Stanley (1841-1904), que personifica bem o aventureiro em busca de lucro pessoal. Ao contrário de

A CONDIÇÃO COLONIAL **139**

Livingstone, que levava consigo apenas um pequeno grupo de gente de sua confiança, este ia à frente de uma expedição de cerca de 700 homens, com boas condições de abastecimento, explorando o lago Vitória, até as nascentes do Nilo.

No final da década de 1870, prestou serviços à Associação Internacional do Congo, que tinha sido criada pelo rei Leopoldo II da Bélgica para a exploração do continente, a supressão do tráfico de escravos e a introdução da "civilização" no mundo dos negros.

Motivado por interesses pessoais e pela ambição de se apossar de uma das áreas mais ricas da África, o rei dos belgas investiu parte considerável de sua enorme fortuna (estimada em cerca de 50 milhões de francos-ouro) em propaganda para a apropriação do território, e depois no recrutamento de pessoal especializado para atuar em seu império colonial.

As pretensões de Leopoldo II, pessoalmente rico, mas líder de um Estado de menor projeção, precipitaram os acontecimentos no lado europeu. Suas reivindicações juntaram-se às dos alemães, chefiados por Otto von Bismark, que também pleiteavam uma parcela de domínio na África. O acirramento da rivalidade pela ampliação de espaço de influência em solo africano produziu algo inédito: uma convenção internacional entre representantes europeus, a Conferência de Berlim, entre 1884 e 1885, na qual a África foi partilhada.

Nessa conferência, as nações mais beneficiadas foram a Inglaterra e a França, que ficaram com a maior parte do território africano.

Os britânicos oficializaram sua posição em Gâmbia, Serra Leoa e Nigéria, onde já estavam estabelecidos, e continuaram a exercer influência sobre Zanzibar, na parte oriental, e sobre o Egito, que controlavam de fato desde 1882, e de direito, na forma de um protetorado, a partir de 1914. Seus interesses projetavam-se também na África Austral, primeiro na África do Sul e depois na criação de uma área ocupada pelos povos shonas e matabeles, que passou a se chamar Rodésia.

A França já exercia influência na Argélia desde 1830, e em 1881, 35 mil soldados ocuparam a Tunísia. Na África Ocidental, que passou a ser designada de Sudão Francês, o núcleo administrativo concentrava-

140 HISTÓRIA DA ÁFRICA

se em Saint Louis, no Senegal. Com o tempo, o protetorado francês seria estendido à Guiné, ao Daomé e ao Gabão, e a todo o território da atual República do Mali, Burkina Faso, Chade, partes da região do alto Nilo, e uma parte do Congo, obtida graças a um tratado assinado entre seu representante, Pierre Savorgnan de Brazza, com o rei Makoko, em setembro de 1880, de onde se originaria o Congo Brazzaville. Do outro lado do continente, em sua parte insular, a influência francesa iria ser estendida a Madagáscar.

As potências menores que ampliaram seu espaço de atuação após a Conferência de Berlim foram, em primeiro lugar, a Alemanha, cuja ação de seus diplomatas entre 1883 e 1885 permitiu ao governo germânico anexar territórios em diversas partes da África: no litoral atlântico, na região do Togo e de Camarões, no sudoeste africano e na África Oriental. A Bélgica garantiu perante os europeus a hegemonia numa parte importante da África, o coração do antigo reino do Congo, que passou a se intitular Congo Belga, onde se situava (e se situa) inúmeras reservas minerais de altíssimo valor.

Quanto aos portugueses, que foram os grandes derrotados em Berlim, de nada adiantaram seus protestos, em nome dos seus direitos "históricos" sobre o Congo. Perderam a influência que até então exerciam em vastos territórios da África Central. As áreas do interior, correspondentes aos ricos planaltos da Rodésia, não somente foram transferidas a outras potências, mas ficaram divididas. Além de Angola, restaram-lhes do vastíssimo império ultramarino de outrora as colônias de Moçambique e as ilhas da Guiné, Cabo Verde e São Tomé.

OS MECANISMOS DE EXPLORAÇÃO

O período da colonização africana divide-se em três fases. Na primeira, situada entre 1880 e 1914, assiste-se ao estabelecimento de protetorados, à criação das bases de exploração econômica e à fixação de órgãos de apoio nas metrópoles e nas colônias visando ao desenvolvimento dos meios de governo dos territórios mantidos sob seus respectivos domínios. Na segunda, correspondente ao período das duas guerras mundiais (1914-1945), a crise desencadeada repercutiu nas formas de relacionamento das metrópoles com as colônias e as obrigou a recorrer com mais frequência aos recursos materiais e humanos de que pudessem dispor. Na terceira, no período do pós-guerra e da gestação da Guerra Fria, entre 1945-1960, assiste-se ao fortalecimento dos nacionalismos africanos e ao movimento da descolonização.

De modo geral, as políticas de colonização implantadas pelas metrópoles podiam variar, segundo três orientações principais:

1) A sujeição pura e simples dos povos aos quais se pretendia colonizar;
2) A autonomia relativa concedida a esses povos, mediante o reconhecimento de certas iniciativas e direitos das autoridades locais;
3) O desenvolvimento de mecanismos institucionais que promovessem a assimilação dos colonizados pelos colonizadores.

Visto em perspectiva, pode-se dizer que, no caso das colônias submetidas aos ingleses, prevaleceu da parte da metrópole a segunda orientação. O governo britânico envolveu-se pouco na administração colonial direta. Não alterou as bases dos governos locais, superpondo representantes seus que passaram a atuar como intermediários.

Prevaleceu o princípio da autonomia financeira, considerada condição e medida da autonomia política, e foi concedido aos chefes locais, em sua maior parte composto de "nativos", uma certa margem de liberdade em suas decisões – desde que não entrassem em conflito com os interesses metropolitanos. Em qualquer circunstância, Londres dispunha sempre do direito de veto. Foi o que ficou conhecido como *indirect rule*, ou "influência indireta", sintetizada na obra do administrador Frederick Lugard intitulada *The dual mandate in british tropical Africa* (*O mandato dual na África tropical britânica*), publicada em 1922.

No caso da colonização francesa, prevaleceu a terceira orientação. O governo republicano francês transferiu para as colônias toda uma infraestrutura para uma administração direta, com o apoio das autoridades locais. A figura-chave da colonização era a do governador-geral, representante e detentor dos poderes da república. Apoiado por um conselho

142 HISTÓRIA DA ÁFRICA

diretivo e por um corpo de oficiais militares, era ele a autoridade máxima em matéria financeira, o chefe das forças armadas e o encarregado da manutenção da justiça.

O papel principal desse aparelho burocrático era gerenciar as atividades comerciais, fixar aqueles que deviam permanecer sob controle da administração pública, distribuir ou redistribuir terras, direitos comerciais e direitos de exploração nos territórios ocupados, criar redes de comunicação viária e outros melhoramentos por meio dos quais se pudessem manter as colônias sob controle.

Em Portugal, houve uma evolução nítida para formas cada vez mais centralizadas de administração colonial. No início, não havia um sistema claramente implantado, e o governo contentava-se em extrair receitas provenientes de impostos fixados nas colônias e retirados das autoridades locais. A partir das décadas de 1920-1930, com a criação do Estado Novo, em que o poder estaria sob controle de António de Oliveira Salazar (1889-1970), foram criados os postos de governadores-gerais, administradores de circunscrições e chefes de posto. Este último era responsável pela administração da justiça, com o apoio de guardas e de intérpretes locais.

Em relação ao Congo Belga, encontramos um caso particular de colonização, provavelmente o mais danoso para as populações locais. Como a incorporação do Congo à Bélgica ocorreu devido ao desejo individual do rei Leopoldo II, este decidiu sozinho a maneira pela qual aquela vastíssima extensão territorial de cerca de 2.450.000 km^2 deveria ser explorada e decretou, em 1889, que todas as terras vagas pertenciam ao Estado belga. A decisão contrariava os compromissos internacionais das metrópoles colonizadoras, pois transformou todo o Congo numa grande propriedade, num vastíssimo quintal do pequeno reino europeu.

As populações foram submetidas ao trabalho forçado, compulsório. Isso logo depois da intensa propaganda europeia contra a prática da escravidão. Numa palavra, o que se sucedeu no Congo foi uma pilhagem generalizada, em proporções até então nunca vistas. Em 1887 foi criada a Compagnie du Congo pour le Commerce et l'Industrie. Ela e outras entidades, como a Compagnie du Katanga, a Société Anversoire e a Compagnie du Lomami, basicamente drenavam, armazenavam e transportavam para a Europa toda a borracha, marfim e outros produtos minerais.

Tal atividade predatória não se limitou ao Congo, embora nesse caso os efeitos tenham sido mais visíveis. Em toda parte, a condição colonial submetia as populações conquistadas ao fornecimento de soldados para os exércitos, às requisições periódicas de trabalhos forçados, ao transporte de matérias-primas por carregadores, ao pagamento de diversos impostos, ao encaminhamento de crianças para as escolas onde aprenderiam os valores europeus e para as missões cristãs de evangelização instaladas em toda parte. Nenhuma sociedade africana escapou a essas imposições e exigências.

A exploração econômica se fazia através de grandes companhias comerciais concessionárias, cujas sedes encontravam-se nas metrópoles. A elas eram concedidos direitos de exploração de extensos territórios, o que dispensaria de imediato a aplicação direta de recursos financeiros para estimular a colonização. Por um lado, o setor privado assumia o risco dos empreendimentos, mas, por outro, tinha grande margem de liberdade em suas ações perante os "nativos", de onde inúmeros abusos e violências na condução das atividades diárias.

Uma das primeiras cartas de concessão beneficiou, em 1885, a Deutsche Ost Afrika Gesellschaft, para atuar na África Oriental.

Nas colônias portuguesas, os rendimentos provinham da exploração de produtos naturais, como algodão, borracha, café e açúcar na África Equatorial. Em 1891, foi instalada em Sofala a Companhia de Moçambique, e logo a seguir a Companhia de Niassa e a Companhia do Zambeze, que eram financiadas por capitais estrangeiros, em sua maior parte britânicos.

Na África Ocidental francesa, três grandes corporações dominavam o mercado colonial: a Compagnie Française d'Afrique Occidentale, a Société Commerciale de l'Ouest Africain e a Unilever, que controlava a exploração de óleo de palma.

Na Costa da Guiné, a Inglaterra apoiou-se na United African Company, na Royal Niger Company, e na África Austral o predomínio seria da

144 HISTÓRIA DA ÁFRICA

British South Africa Company, que em 1889 era controlada pelo poderoso empresário inglês dos tempos da colonização, Cecil Rodhes (1853-1902).

As atividades de Cecil Rodhes exemplificam bem a profunda relação da exploração do continente com o capitalismo monopolista. Apoiado pelo governo britânico, ele se tornou um dos maiores investidores em diferentes atividades de exploração econômica na África. Entre 1890 e 1896, acumulou o cargo de primeiro-ministro da colônia britânica sediada na cidade do Cabo. A parte mais importante de sua riqueza provinha da exploração das minas de diamante na África do Sul, através da companhia De Beers Mining Company, de quem detinha o controle acionário. Por fim, após intensa pressão em Londres, ele teve autorização para ocupar a região de Botsuana, de onde a criação em 1895 da Província da Rodésia – que, como se pode prever, foi assim denominada em sua homenagem.

COLONIALISMO E RACISMO

A montagem de um sistema de dominação de tal proporção dependia desde o início da cooperação de parte das populações locais, sem a qual não teria sido possível controlar extensos territórios. Para se ter uma ideia, em 1900 as colônias da África Ocidental francesa dispunham de apenas 862 europeus nos serviços administrativos, número que evoluiu para 2.175 no ano de 1913. Algo semelhante ocorria em outros lugares. Em 1914, o número de britânicos limitava-se a 81 na África Oriental, 226 na Costa do Ouro e 622 na Nigéria.

A forma mais frequente de requisição das populações africanas era para o serviço militar obrigatório. Apenas o alto oficialato era integrado por europeus, enquanto os oficiais de baixo escalão e os soldados eram "nativos". No ano de 1885, dos 9 mil integrantes dos efetivos portugueses que atuavam em suas colônias na África, 8.500 eram africanos. Os primeiros batalhões de soldados negros existiam antes mesmo do período oficial da colonização. Nos domínios franceses, os regimentos de atiradores senegaleses, formados em 1891, tiveram forte atuação no Congo, Marrocos e Madagáscar.

Pela mesma época, formavam-se nos domínios britânicos exércitos regulares constituídos de soldados africanos provenientes das chamadas "raças marciais", sobretudo de hauçás, iorubás, kanuris e outros. Eles integravam a WAFF (West African Frontier Force), que contava com um efetivo de cerca de 6.500 soldados no ano de 1901, dos quais pelo menos 6.300 eram de origem nigeriana e da Costa do Ouro.

Para evitar revoltas, os colonizadores deslocavam os soldados para atuar em áreas diferentes daquelas de seu nascimento, incentivando assim a divisão entre os povos conquistados. No caso dos exércitos britânicos, eram compostos por soldados originários de diferentes continentes controlados pelo Reino Unido. Assim, na África Ocidental eram utilizados soldados antilhanos, e na África Oriental, soldados indianos. No Congo Belga, o exército colonial era ainda mais diversificado. Compunha-se de soldados de diferentes nações europeias (belgas, suecos, noruegueses, dinamarqueses e italianos), e por soldados de diferentes nações africanas (senegaleses, serra-leoneses, liberianos, minas, hauçás, iorubanos, daomeanos, zulus, somalis, abissínios e egípcios).

O sistema de cooperação imposto aos nativos também dizia respeito a outras esferas de atuação. Apenas os postos mais elevados dos serviços de administração eram ocupados por brancos. Todas as demais atividades eram desempenhadas por negros ou mestiços, oriundos das populações locais. Desde os serviços de correio, de escritório, dos estabelecimentos fiscais e judiciários, em todas as instâncias a participação compulsória ou voluntária de africanos deu sustentação ao domínio estrangeiro.

Não é possível pensar que, sem esse apoio local, a subsistência de uma minoria europeia tivesse sido possível por tempo tão prolongado. Em nenhuma parte os estrangeiros interferiram nas esferas de decisão das autoridades locais e das linhagens tradicionais. Dali passaram a provir parte dos grupos auxiliares, como chefes de postos, intérpretes e letrados. Eram técnicos, agentes administrativos, empregados do setor econômico e domésticos. Uma camada social variada, que podia comportar desde serviçais domésticos ou pequenos ordenanças, chamados pelo qualificativo de *boy* (criança, criado), até técnicos com boa formação e maiores oportunidades de ascensão social.

146 HISTÓRIA DA ÁFRICA

Assim, ao lado das elites tradicionais, emergiu outra, integrada por mestiços ou negros educados nas escolas coloniais ou nas missões enviadas à África, influenciada pela cultura ocidental. O critério de ascensão social deixou de ser o nascimento, para ser medido pelo prestígio pessoal e pela riqueza. Seria essa elite, cujos membros às vezes recebiam a instrução na própria África, e às vezes na Europa, que forneceria os primeiros quadros políticos e intelectuais que, na metade do século XX, lutariam pela independência.

Enquanto tais modificações ocorriam no interior da África, no exterior a imagem dos africanos era estigmatizada por um olhar depreciativo.

Se do ponto de vista político-econômico a colonização apoiava-se na exploração de recursos naturais e na imposição militar, do ponto de vista cultural, a supremacia europeia era justificada em princípios racistas, que colocavam os africanos na escala mais baixa da humanidade. Não é mera coincidência o fato de que o período da colonização tenha correspondido, no plano científico e intelectual, ao período de desenvolvimento das teorias deterministas e racistas nos meios acadêmicos ocidentais.

Vistos como inferiores pelos administradores coloniais, os africanos passaram a ser matéria de conceitualização e teorização científica pelos eruditos metropolitanos. Uma das mais difundidas ideias era a de sua preguiça inata, reproduzida à exaustão na obra de sociólogos e geógrafos. Sua incapacidade para a civilização tornava seus hábitos estranhos, exóticos, e motivaram a organização de verdadeiros "zoológicos humanos". Na França e na Inglaterra, as feiras e exposições coloniais ou científicas exibiam publicamente famílias inteiras de nativos, vestidos em trajes estereotipados, junto com os produtos naturais explorados nos territórios de ultramar e com os animais exóticos encontrados naqueles lugares. Esse traço da atitude se repetiu até pelo menos a década de 1930.

Nos meios acadêmicos, cresceu o interesse pela África e pelos seus habitantes. O conhecimento era um imperativo para facilitar a dominação. Na França, multiplicaram-se revistas especializadas, como o *Bulletin Générale de l'Afrique Occidentale Française* (Boletim Geral da África Ocidental Francesa), e o maior especialista na história antiga dos povos africanos, Maurice Delafosse (1870-1926), lembrado como o "pai" dos africanólogos franceses, era genro do governador-geral do Sudão francês, Octave Houdas.

Da Société des Africanistes, fundada em Paris em 1930, participavam grandes antropólogos e linguistas, mas também homens conhecidos pelos demais membros como "velhos africanos", quer dizer, administradores, funcionários do governo ou militares que, durante muito tempo, tinham servido nas colônias, ali adquirindo experiência e conhecimento. Na década de 1940, foi criado em Dakar, Senegal, um importante centro de estudos, o Institut Français de l'Afrique Noire (Instituto Francês da África Negra), que depois da independência mudou de nome para Institut Fondamental de l'Afrique Noire, que se conserva até o presente.

ESTEREÓTIPOS E RACISMO NOS TEMPOS COLONIAIS

Atraso, incapacidade natural e preguiça estão entre os argumentos recorrentes encontrados nos textos coloniais. Tais traços aparecem na descrição das populações do Congo apresentada por um escritor belga da década de 1920, no momento de apogeu do colonialismo.

A primeira coisa que impressiona o europeu acabado de desembarcar no Congo é a extrema facilidade de vida que o país oferece ao indígena...

Homem feliz, dir-se-á. Nada disso...

E, precisamente, é essa extrema facilidade de vida material que é, que foi e que será a causa do desastre da raça preta. Com efeito, o seu caráter não foi temperado, como o nosso, por séculos de lutas quotidianas pelo pão de cada dia. De modo que o negro não sabe, mas nem por sombras, querer... O infeliz é imprevidente, despreocupado ao extremo, preguiçoso, incapaz de continuidade no esforço e sequência nas ideias, e inacreditavelmente rotineiro... Em duas palavras: é um débil mental. Por conseguinte, teria forçosamente de adquirir, e adquiriu, todas as taras dos débeis: a falsidade, o gosto pela mentira e pelo roubo, a sensualidade, o servilismo, a insensibilidade.

> *Em contrapartida, também tem as suas qualidades: a modéstia, no sentido em que se apercebe perfeitamente de sua inferioridade, a ausência de maldade e de rancor. Para os ter, precisará de vontade. Tem também paciência, uma paciência infinita... Em suma, apesar dos seus defeitos, é até simpático, mas, do ponto de vista moral, nele, lavra-se um solo pobre.*

Fonte: MATHELIN DE PAPIGNY, Hippolyte de. *Le coup de bambou*. Bruxelles: Luyckx, 1922, pp. 22-24. Apud MBOKOLO, Elikia. *África negra*: história e civilizações. Salvador; São Paulo: UFBA; Casa das Áfricas, 2011, p. 392. (Tomo II)

Algo semelhante ocorreu em Portugal, onde as bases ideológicas do colonialismo repousaram em elementos de caráter científico. Data de 1875 a fundação da Sociedade de Geografia de Lisboa, que permitiu uma reflexão sistemática sobre a questão colonial, seus objetivos e suas políticas.

Desde 1911 as notícias e os problemas locais passaram a ser tratados no *Boletim Oficial de Angola*, e em 1946 foi fundado o Centro de Estudos da Guiné Portuguesa. Logo se formaria um grupo de especialistas em assuntos africanos, com pesquisas nas áreas de Antropologia Cultural, Sociologia, Geografia e História.

Seja nos estudos de missionários católicos enviados para prestar assistência espiritual, ou nos bancos escolares das universidades portuguesas, multiplicaram-se estudos sobre os usos e costumes das populações "indígenas". Esse interesse antropológico e etnográfico não era sem motivo e integrava-se ao desenvolvimento daquilo que se costuma chamar de "colonialismo científico".

A ÁFRICA DO SUL E O COLONIALISMO

No extremo sul do continente, a evolução histórica seguiu caminhos próprios. O colonialismo colocou brancos contra brancos, e acentuou a distância entre brancos e negros. Mas em última instância, também ali as desigualdades e diferenças de cor provocaram a exclusão da maioria da população.

Como se viu no capítulo anterior, a relação entre os colonos bôeres e os ingleses era marcada pelo enfrentamento desde o início do século XIX, quando a Inglaterra se estabeleceu na condição de metrópole. A presença britânica contribuiu para cristalizar a identidade dos bôeres, que reivindi-

A CONDIÇÃO COLONIAL **149**

cavam para si o pioneirismo e a liderança nas terras ocupadas a partir da cidade do Cabo até a região do Transvaal, onde se confrontaram com os povos negros de etnia shosa.

A partir de meados do século XIX, os bôeres tenderam a se autodenominar *africanders* (ou *afrikanders*, *afrikaners*), que designa a comunidade de origem europeia (diferente, portanto, das populações locais "de cor") radicada há muito tempo na África e adaptada ao seu meio ambiente (diferentes, portanto, dos ingleses).

A disputa pela ocupação do espaço que tinha motivado as "guerras cafres" contra os shosas teve sua continuidade numa série de conflitos conhecidos como "guerras dos bassutos", ocorridas nas décadas de 1850 a 1870. Através delas, os bassutos, povos negros de origem banto, opuseram-se tanto aos bôeres quanto aos britânicos pelo controle de terras de cultivo e de pastagem. Essa sequência de conflitos se encerrou com a "Guerra das Espingardas", entre 1879-1881, que obrigou os ingleses a reconhecer os direitos ancestrais dos bassutos à suas terras no reino do Lesotho.

Os conflitos também opunham os ingleses aos zulus remanescentes do reino de Chaka. Em 1879 o rei Ketshwayo infligiu às forças britânicas a pesada derrota na batalha de Insandlwana, com 1.600 mortos. Logo depois, para se vingar, o exército britânico invadiu a cidade de Ulundi, que era a capital do reino zulu, incendiando-a e levando seu rei em cativeiro.

Nas décadas finais do século XIX teve início a exploração das minas de ouro e de diamantes localizadas na região do Transvaal pelas companhias inglesas. Foi o que motivou os protestos e revoltas conhecidas como Guerra dos Bôeres, ocorridas entre 1880 e 1881 e depois entre 1899 e 1902. Elas fortaleceram a identidade africânder e abriram caminho para a independência, levando à criação da União Sul-Africana, e a autonomia definitiva conquistada em 1910.

Desde a independência da União Sul-Africana, o país permaneceu sob controle africânder, e uma série de medidas restringiu os direitos civis da população negra. Entre elas estava o Native Labour Act, de 1913, que estendeu aos trabalhadores urbanos o sistema de submissão já existente na área rural, reservando aos brancos as tarefas especializadas. Em 1923, o Native Urban Act limitou a possibilidade de os negros se instalarem em cidades consideradas redutos dos brancos.

Abria-se, dessa forma, o caminho para o regime conhecido como *Apartheid*, oficializado em 1948. Através dessa política sustentada pelo Estado, a União Sul-Africana passou a ser constituída por uma série de nações distintas, uma composta por brancos e oito compostas por negros, que deviam viver em seus próprios territórios, separadas umas das outras.

Os *bantustões*, termo empregado para designar as circunscrições reservadas às populações das diferentes etnias negras (shosa, tswana), não dispunham de autonomia política, sendo dependentes das determinações tomadas pelo governo africânder sediado na cidade de Pretória. E suas populações, para ter livre trânsito, necessitavam conseguir permissão para isso, através da obtenção de passes ou salvo-condutos.

Em 1961, quando a União Sul-Africana adotou o nome de República da África do Sul, o resultado do *Apartheid* era uma divisão político-territorial e social que, por si mesma, revelava a profunda desigualdade então existente: dos 1,2 milhão de km^2 totais do território, cerca de 1 milhão de km^2 era ocupado pela população branca de aproximadamente 3 milhões de pessoas; enquanto isso, nos 200 mil km^2 restantes ficavam limitados, e divididos em comunidades miseráveis, aproximadamente 10 milhões de africanos de origem banto.

O que se teve nesse caso, portanto, foi um regime político autônomo dentro do continente africano que se alimentou de princípios racistas, segregacionistas, numa espécie de "colonização interior".

SUGESTÕES DE LEITURA

CoQUERY-VIDROVICH, Cathérine; MoNIOT, Henri. *L'Afrique Noire de 1800 à nos jours*. 5. ed. Paris: Presses Universitaires de France, 2005. (Nouvelle Clio)

Obra escrita em 1976 na prestigiada coleção Nova Clio, cujas obras dedicam-se a formular grandes sínteses acadêmicas, discussões historiográficas e teórico-metodológicas atualizadas. Na redação, são enfatizados os dados quantitativos e as visões de conjunto sobre as principais tendências sociais e econômicas da era colonial e pós-colonial. Há uma tradução espanhola da primeira edição, publicada em 1976 pela Editorial Labor (Barcelona).

HERNANDEZ, Leila Leite. *A África na sala de aula*: visita à história contemporânea. São Paulo: Selo Negro, 2005.

Obra fundamental, na qual a pesquisadora e docente de História da África na USP sistematiza suas aulas, escritos e reflexões sobre o continente nos séculos XIX e XX. A ênfase é dada aos processos de dominação envolvendo as relações entre europeus e africanos, com detalhadas análises das tendências historiográficas que abordaram o período colonial, o processo de descolonização e a constituição dos modernos Estados africanos.

VVAA. *A África e a instalação do sistema colonial (1885-1930)*. Lisboa: Centro de Estudos e História da Cartografia Antiga; Instituto de Investigação Científica Tropical, 2000.

Publicação dos trabalhos apresentados na III Reunião Internacional de História da África, ocorrida em Lisboa, em que participaram pesquisadores portugueses, brasileiros (Alberto da Costa e Silva) e africanos (Kabenguele Munanga, Carlos Lopes) para discutir de modo geral as formas de implantação, dominação e resistência durante a fase inicial da colonização na África.

_____. *Relação Europa-África no terceiro quartel do século XIX*. Lisboa: IICT – Centro de Estudos de Cartografia Antiga, 1989.

Publicação dos trabalhos apresentados na I Reunião Internacional de História da África, realizada em Lisboa, da qual participaram pesquisadores portugueses, franceses, italiano e africanos. Embora o número maior de textos diga respeito à ação dos europeus, os estudos de Alfredo Margarido, Isabel Castro Henriques e Carlos Lopes levantam questões sobre as formas de hegemonia e de resistência africana.

RODNEY, Walter. *Como a Europa subdesenvolveu a África*. Lisboa: Seara Nova, 1975.

Conhecido ensaio de interpretação da realidade africana, enquadra-se nos pressupostos da teoria da dependência. Apresenta análise penetrante das condições pelas quais, a partir dos contatos com os europeus, os interesses econômicos do capitalismo promoveram o empobrecimento (humano, econômico, tecnológico) do continente africano e bloquearam as possibilidades de seu desenvolvimento interno, a partir de relações econômicas instauradas por ocasião do tráfico de escravos, que se aceleraram com o colonialismo e o neocolonialismo.

HAMPATE BA, Amadou. *Amkoullel, o menino fula*. São Paulo: Phalas Athena/Casa das Áfricas, 2003.

Neste notável relato autobiográfico, um dos maiores conhecedoras dos saberes e das tradições ancestrais africanas retrata, a partir de suas experiências da infância e juventude, as condições de vida na África Ocidental francesa nas duas primeiras décadas do século XX. Merecem especial destaque: a descrição dos traços de organização da sociedade fula; a descrição das etapas de vida e do aprendizado das normas sociais; e os relatos dos primeiros contatos com o modo de vida dos franceses na escola colonial.

MACKENZIE, J. M. *A partilha da África*: 1880-1900. São Paulo: Ática, 1994.

Estudo do contexto em que se deu a partilha da África pelas potências europeias, com ênfase na narração dos eventos políticos e nas prováveis explicações dadas a um acontecimento tão importante quanto polêmico pelas implicações dele advindas.

WESSELING, Henri. *Le partage de l'Afrique*: 1880-1914. Paris: Denoel, 1996.

Análise detalhada do momento da intervenção e domínio das potências europeias na África, com ênfase nos eventos políticos, nas estratégias de dominação e no significado geral do expansionismo europeu. O autor é especialista em História Contemporânea e leciona na Universidade de Leyden, Holanda.

Descolonização e tempo presente

A trelada aos interesses europeus, a África e os africanos reagiram de várias formas ao colonialismo, desde as primeiras décadas do século XX, mesmo que essa reação nem sempre tivesse sido orientada por planos bem definidos ou por uma ideologia anticolonial.

Essa posição mudou no período posterior à Segunda Guerra Mundial, quando o colonialismo foi posto em questão na Ásia e em todo o continente africano, através de movimentos organizados que pressionaram as metrópoles e promoveram as independências em seus respectivos países.

Neste capítulo, serão discutidas várias formas pelas quais os africanos organizaram a luta contra as forças colonialistas, e a maneira pela qual promoveram a independência em seus respectivos países.

154 HISTÓRIA DA ÁFRICA

A seguir, será traçado um amplo painel da situação política, social, econômica e cultural das nações africanas desde a metade do século XX até o início do século XXI. A intenção é avaliar as conquistas, os impasses e os problemas enfrentadas pelos Estados e sociedades africanas no momento em que foram reinseridos na complexa teia das relações internacionais contemporâneas.

ANTICOLONIALISMO

A insatisfação diante do estrangeiro se fazia sentir em vários níveis e em diferentes modalidades, desde revoltas sociais, movimentos religiosos, até a organização de partidos e sindicatos que pudessem representar o anseio das populações coloniais.

O preço do domínio colonial foi ter que conviver todo o tempo num clima de tensão latente, e as revoltas ocorriam por diferentes motivos. Houve levantes contra a fixação de impostos nas comunidades de aldeia dos povos mendes, em Serra Leoa (1889), dos povos acholis, em Uganda (1911), dos povos holis, no Daomé (1914, 1920); contra a requisição de mão de obra e a prestação de trabalho forçado nas comunidades dos povos majanga, no Congo (1893-1894) e em toda a região do rio Zambeze. Mas esses eram movimentos localizados, expressavam insatisfação mas não punham em causa o funcionamento global do sistema de exploração.

Muitas vezes, as manifestações religiosas canalizaram a insatisfação coletiva e se tornaram veículos privilegiados de resistência social. Não dispondo de quadros políticos ou ideológicos para conceitualizar e criticar a colonização, os africanos valeram-se do discurso de cunho religioso para demonstrar sua inconformidade e materializar formas concretas de contestação.

Os mais frequentes foram. os movimentos messiânicos de matriz muçulmana e de matriz cristã.

Nas áreas de influência muçulmana da África Ocidental, um foco importante de contestação na fase inicial da colonização proveio da confraria dos múridas que, sob a liderança de marabus, questionaram a presença francesa já no fim do século XIX. Movimentos similares ocorreram na Mauritânia e na Somália.

Os feiticeiros e sacerdotisas, os fazedores e chuva e xamãs das religiões tradicionais canalizavam a angústia dos conterrâneos provocada pela presença estrangeira, e em alguns casos deram origem a formas de contestação muito radicais. Como o movimento denominado Mumbo, que se desenvolveu no Quênia a partir de 1913. Baseava-se na crença difundida pelos feiticeiros locais de que uma grande serpente teria anunciado o fim próximo dos brancos.

Outro foco de contestação tinha origem no discurso cristão, tal qual o cristianismo tinha se desenvolvido na África. Não um cristianismo alimentado pelos preceitos filosóficos, doutrinais e litúrgicos europeus, mas uma crença superficial que se fundiu com antigas tradições das religiões ancestrais africanas para dar origem a formas marcadas por um profundo sentido messiânico.

Entre os movimentos religiosos do cristianismo negro-africano, nenhum provocou tal impacto quanto o kimbanguismo. Ele teve origem no Congo Belga, inspirado nas pregações de um profeta negro chamado Simão Kimbangu (1887-1951), a quem se atribuía a capacidade de realizar milagres e anunciar o futuro. O termo *kimbangu* significa justamente: "aquele que revela o sentido das coisas ocultas".

Kimbangu anunciava aos "irmãos negros" uma nova aliança com Deus, mesclando aos ensinamentos bíblicos elementos dos cultos de possessão em honra aos antepassados, e elementos mágicos. A prisão, condenação e deportação do líder em 1921 e a perseguição e prisão de cerca de 37 mil adeptos apenas fizeram crescer a aura do martírio e fortalecer o caráter salvacionista do movimento que, de resto, se mantinha forte no início da década de 1950. A Igreja kimbanguista continua a ter milhares de adeptos na República Democrática do Congo e em Angola, na Europa e nos Estados Unidos.

Tudo indica que o impacto provocado pelas duas guerras mundiais não foi pequeno para os africanos, que dela participaram, na África e em outras frentes de combate. Nos domínios franceses, soldados africanos

156 HISTÓRIA DA ÁFRICA

passaram a ser recrutados de modo sistemático para servir ao exército desde a Primeira Guerra Mundial. Eles participaram dos conflitos travados dentro do próprio continente (nos Camarões, Togo e na África Oriental, em conflito contra os exércitos recrutados pelos alemães), mas também foram deslocados para a Europa, onde atuaram não só como atiradores, mas também como parte da mão de obra necessária para a logística, como carregadores e reparadores de armas e munições.

Nas duas guerras mundiais, foram mobilizados mais de 250 mil homens nas colônias francesas, e 146 mil na África Ocidental britânica. Parte desses efetivos foi enviada na Segunda Guerra Mundial para lutar em territórios conflagrados na Ásia, experiência que viria a se repetir, décadas depois, nos domínios franceses, durante a Guerra da Indochina.

As guerras promovidas pelos Estados europeus provocaram uma mudança profunda no comportamento dos africanos. Elas alteraram a imagem do branco que até então, valendo-se da força armada e da manipulação ideológica, tinha construído uma imagem de superioridade racial e de um ser intocável. A convocação dos africanos para integrar os exércitos europeus, mesmo que na condição de auxiliares, pôs em causa uma regra que até então tinha sido mantida, pois aos negros foi autorizado atirar e matar os brancos. Além disso, ao conviverem com os brancos no *front*, os negros descobriram suas fraquezas, seus defeitos, enfim, reconheceram sua humanidade; que eram homens como quaisquer outros. Ao regressarem às suas terras, levaram consigo essas experiências e contribuíram para a organização da luta anticolonial.

Dentro da Europa, movimentos político-sociais de esquerda, sobretudo o movimento comunista, incluíam em sua bandeira de luta pontos específicos contrários ao imperialismo e ao colonialismo. Para os africanos que tomaram contato com tais movimentos, uma das maiores dificuldades era a inexistência na África de um contingente expressivo de proletários, de operários, a quem na ideologia marxista estaria reservado lugar proeminente na luta política e na preparação de uma revolução. Faltava também ali um movimento camponês com alguma estruturação que permitisse aos líderes a organização de um movimento de libertação do tipo promovido pelo líder chinês Mao Tsé-tung nos anos 1930-1940.

Ainda assim, não foram poucos os estudantes e intelectuais africanos que ingressaram nos partidos de esquerda e começaram a se posicionar, dentro da própria Europa, nos movimentos de contestação aos regimes associados ao imperialismo e ao colonialismo.

A invasão da Etiópia pelos italianos a serviço do regime fascista de Benito Mussolini, em 1935, foi severamente condenada por organizações integradas por africanos. Não obstante, a ocupação durou até 1941, quando as forças fascistas começaram a sofrer derrotas dentro e fora da Europa.

Esse acontecimento constitui um divisor de águas na história da consciência africana. A Etiópia era o mais antigo Estado formado no interior do continente, o único que conseguira até então manter sua independência e ser reconhecido no círculo das grandes nações. Era um símbolo positivo, uma espécie de bastião da soberania africana. Em várias partes da Europa e na América, as elites negras mobilizaram-se e organizaram uma vasta campanha de protesto contra a Itália e um boicote aos produtos italianos. Em toda parte aumentaram as pressões sobre os impérios coloniais e seus agentes.

A crise etíope revelou a dimensão da impunidade, a arrogância dos brancos e o tratamento desigual reservado aos negros pelos representantes de instituições internacionais, como a Liga das Nações – que pouco fez para impedir a ocupação daquele país soberano. Por outro lado, contribuiu para a conscientização política de membros das elites coloniais, que passaram a tomar parte mais ativa nas formas de contestação ao colonialismo.

A emergência dessa consciência africana deve muito a movimentos intelectuais nascidos na América do Norte e na América Central, dos escritos de intelectuais da diáspora negra. Desde os anos 1920, as obras do jamaicano Marcus Harvey (1887-1940) alimentavam o mito do regresso à Mãe-África pelos afrodescendentes, integrando-o numa perspectiva de valorização da "raça negra". Maior impacto teriam as ideias do escritor norte-americano William Edward Burghart Du Bois (1868-1963), que defendia a igualdade das raças e a coesão e união dos povos negros espalhados

158 HISTÓRIA DA ÁFRICA

pelos vários continentes, no combate às desigualdades raciais e aos abusos do colonialismo. Foi assim que, em 1919, realizava-se em Paris o primeiro Congresso Pan-Africano, ponto de partida do movimento conhecido como pan-africanismo.

O pan-africanismo ganhou importantes adeptos nas elites negras espalhadas na América do Norte e na Europa e teve grande influência num movimento que viria a ter papel significativo no contexto das independências africanas: o movimento da *negritude*, nascido em 1939. Este resultou do conjunto das ideias de valorização da cultura negra e da profunda crítica ao colonialismo, em obras de autores como o haitiano Jean-Price Mars, o antilhano Franz Fanon, o martinicano Aimée Cesaire e o senegalês Leopold Sédar Senghor (1906-2001) – que viria a ser algumas décadas mais tarde o primeiro presidente do Senegal.

Tais ideias circulavam em diferentes jornais e revistas que tiveram por objetivo congregar as populações de africanos e afrodescendentes, como *L'Étudiant Noir*, *L'Action coloniale* e *Le libéré*, na França; *Negro World*, *New Times and Ethiopia News*, *The Crusader*, na Inglaterra; *O Negro* ou *O Correio da África*, em Portugal. Papel de primeiro plano seria reservado à revista *Presence Africaine*, fundada em Paris no ano 1947 pelo filósofo senegalês Alioune Diop. Ela se distinguiria nos anos 1950-1960 como canal de difusão da história e da filosofia africana, da *negritude* e do *pan-africanismo* na Europa.

DESCOLONIZAÇÃO

A descolonização na África e na Ásia coincidiu com o contexto de desenvolvimento da Guerra Fria e foi influenciada pelos jogos de interesse que opunham as duas superpotências mundiais, que tiveram papel importante nos rumos tomados pelas jovens nações. Divergentes em muitos aspectos, e concorrentes no complexo quadro da geopolítica na era da bipolaridade, EUA e URSS, por razões ideológicas, políticas e estratégicas diferentes, opunham-se ao colonialismo. Contribuíram para a difusão de ideias anticoloniais e apoiaram as jovens nações em sua marcha para a liberdade.

As pressões e reivindicações com vistas ao estabelecimento de Estados independentes na África desembocaram, às vezes, em rebeliões armadas e conflitos sangrentos, e às vezes evoluíram para negociações com as autoridades metropolitanas.

Alguns autores classificam esses dois processos como "independências conquistadas" e "independências concedidas". Com a distinção, procuram acentuar o quanto, no segundo caso, o processo de descolonização foi vigiado e controlado pelas metrópoles. Através da negociação, elas procuraram minimizar os efeitos da ruptura e, noutros casos, manter inalterados os benefícios que usufruíram na fase da dominação direta.

O início do processo de independência ocorreu na África mediterrânica. O Egito declarou sua independência da Inglaterra em 1922; a Etiópia rompeu com os italianos em 1941 e a Líbia obteve sua autonomia plena em 1952, após uma dura luta contra a Itália e um período de subordinação aos franceses e ingleses. Também em Madagáscar, a independência assumiu um tom heroico, quando em 1947 a população pegou em armas para lutar contra a França, seguindo a ideia de que "a independência não se pede, se conquista".

Depois foi a vez do fim do domínio francês na Tunísia e no Marrocos, em 1956. Os acontecimentos que tiveram maior impacto sobre a opinião pública relacionam-se, todavia, com a longa guerra de guerrilhas dos argelinos contra os franceses, dos dois lados do Mediterrâneo. O movimento organizado pela FLN (Frente de Libertação Nacional) se prolongou de 1954 a 1962 e teve por resultado a independência da Argélia.

Menos violenta, a oposição ao colonialismo inglês na Costa do Ouro desde 1946 foi liderada por Kwame Nkrumah (1909-1972), fundador do CPP (Convention People's Party/Partido da Convenção Popular). Sua estratégia baseava-se na desobediência civil e no protesto pacífico. Com a vitória do partido oposicionista nas eleições gerais de 1956, o governo britânico reconheceu a independência do país, que adotou para si o nome de Ghana – em homenagem à grande civilização negra do passado.

160 HISTÓRIA DA ÁFRICA

O significado da independência de Ghana foi grande porque apontou caminhos e alternativas, mostrando a complexidade do jogo político que então era travado nos termos da Guerra Fria. Ao defender o fortalecimento das instituições centrais do Estado, Nkrumah chocava-se contra os interesses da oposição nascente, favorável ao federalismo. Ele optou pelo socialismo, mas se manteve neutro em relação ao alinhamento aos dois blocos dominantes, o capitalista dos EUA e o socialista da URSS; defendia a união dos interesses africanos em âmbito continental, isto é, um pan-africanismo calcado agora em bases políticas. Por tudo isso ele foi derrubado por um golpe militar em 1966, quando viajava para a China.

O ano de 1960 foi considerado o "ano africano" devido ao grande número de países que promoveram suas independências da França e Inglaterra através de negociações pacíficas, de avanços moderados e de uma liberdade controlada: assim ocorreu nos Camarões, no Congo-Brazzaville, Gabão, Chade, República Centro-africana, Togo, Costa do Marfim, Daomé (atual Benim), Alto Volta (atual Burkina Faso), Níger, Nigéria, Senegal, Mali, Madagáscar, Somália, Mauritânia e Congo Belga. De 1961 a 1966, foi a vez de Serra Leoa, Tanzânia, Uganda, Ruanda, Burundi, Quênia, Gâmbia, Botsuana e Lesotho.

A aparente tranquilidade escondia, entretanto, diferenças internas e interesses divergentes latentes que se manifestaram de modo por vezes pacífico, ou de modo por vezes violento. Na Nigéria, os partidos do Sul e o Action Group, do Oeste, pressionaram para que a independência ocorresse em 1956, mas os partidos do Norte opunham-se terminantemente, temendo ficar em posição subordinada, de modo que a independência foi protelada para 1960.

O conflito tornou-se recorrente ao longo dos primeiros anos da república nigeriana, com assassinatos e ondas de violência em que perderam a vida dirigentes do norte e dirigentes do sul, em particular do grupo ibo. Depois, de 1966 a 1970, a Nigéria foi sacudida e devastada pela guerra separatista dos povos da região central, na maioria ibos, que lutavam pela criação da República de Biafra.

DESCOLONIZAÇÃO E TEMPO PRESENTE *161*

Mas em nenhum lugar a transição para a independência foi tão dramática quanto no Congo. O profundo descaso dos belgas para com as populações locais, o caráter pessoal da colonização por parte dos reis, a pouca experiência política das elites intelectuais conguesas e, principalmente, o continuísmo dos interesses econômicos capitalistas foram pontos que, juntos, levaram o Congo a uma situação de grave turbulência durante a emancipação.

As reivindicações pela libertação no Congo foram organizadas desde 1958 pelo Mouvement National Congolais (Movimento Nacional Congolês), cuja figura de maior expressão era Patrice Lumumba (1925-1961). Por ocasião da separação da Bélgica, este defendia a existência de um Estado unitário, organizado na forma de uma república parlamentar integrada por seis governos provinciais.

Logo após a independência, ocorrida em 1960, Patrice Lumumba foi eleito primeiro-ministro. No governo, ele assumiu uma posição nacionalista, mostrando-se crítico em relação ao colonialismo belga. Rebeliões internas e interesses divergentes de áreas riquíssimas de fornecimentos minerais, como a Província de Katanga, pareceram justificativas para que os belgas voltassem a tentar controlar as principais cidades. Pouco mais de dois meses depois de ter assumido o poder, estourou um golpe militar liderado pelo coronel Joseph Mobuto (1930-1997). Em janeiro de 1961, Lumumba foi sequestrado, torturado e assassinado. Após um conturbado período de guerra civil, em 1965, Mobuto assumiu pessoalmente o poder, numa ditadura militar que contou com o apoio da Bélgica, Portugal, do Reino Unido e dos EUA.

Desde a realização da Conferência de Bandung, em 1956, diversos líderes de países do Terceiro Mundo marcaram sua posição crítica em relação ao colonialismo, ao capitalismo e ao alinhamento dos países pobres aos ditames das superpotências. Dela participaram os chefes de Estado do Egito, Líbia, Libéria, Etiópia e Sudão, e duas delegações africanas, com representantes da FLN argelina e do CPP da Costa do Ouro.

Aderiram ao não alinhamento o governante egípcio Gamal Abdel Nasser, o ganense Kwame Nkrumah, o tanzaniano Julius Nyerere, o conguês

162 HISTÓRIA DA ÁFRICA

Patrice Lumumba e o senegalês Léopold Senghor, para quem Bandung significou o fim do "complexo de inferioridade gerado pela colonização".

Ecos da Conferência de Bandung se fizeram ouvir na Guiné, onde Sekou Touré, líder da independência e criador de uma frente de ampla base popular, o Partido Democrático da Guiné, aproximou-se dos países socialistas do Leste Europeu. Em 1958, ele afirmava em tom altivo que: "Preferimos a pobreza na liberdade à riqueza na escravidão."

Na África sob dominação portuguesa, a burguesia e o governo metropolitanos resistiram ao processo geral das independências. O longo período de predomínio no governo do estadista António de Oliveira Salazar, de 1932 a 1968, constituiu uma das faces mais conservadoras do colonialismo europeu. Movimentos de libertação eclodiam em suas províncias coloniais, liderados por Agostinho Neto (1922-1979) em Angola, Samora Machel (1933-1986) em Moçambique e Amílcar Cabral (1924-1973) na Guiné e Cabo Verde.

Nas décadas de 1960-1970, a diplomacia portuguesa atuou intensivamente junto à ONU (Organização das Nações Unidas) e aos países que participavam da Otan (Organização do Tratado do Atlântico Norte) para fazer valer seus interesses, enquanto enviava forças militares para conter os movimentos guerrilheiros organizados em nome da independência, como a FNLA (Frente Nacional para a Libertação de Angola), o MPLA (Movimento Popular para a Libertação de Angola), a Frelimo (Frente para a Libertação de Moçambique) e o PAIGC (Partido Africano para a Independência da Guiné e de Cabo Verde).

Presos políticos eram levados para a ilha de São Tomé, que servia de penitenciária, enquanto 142 mil soldados armados com metralhadoras, aviões e equipamentos modernos, foram deslocados para a Guerra na África. Esta se prolongou até abril de 1974, quando, com a derrubada da ditadura salazarista por jovens oficiais das forças armadas, na Revolução dos Cravos, a palavra de ordem passou a ser: "Democracia em nosso país, descolonização na África".

ESTADOS PÓS-COLONIAIS

Entre as décadas de 1960 e 1990, os jovens Estados africanos foram obrigados a redefinir suas relações com as antigas potências coloniais e as novas superpotências do pós-guerra, e se posicionar num mundo novo para eles, dividido num primeiro momento pela Guerra Fria e arrastado num segundo momento pela globalização.

Nos dois contextos, a fragilidade das instituições dos Estados-nações que estavam se formando e a situação de profunda dependência econômica frente ao capitalismo ocidental levaram a que os países africanos, com exceção da África do Sul, fossem mantidos em posição marginal, periférica, ficando expostos aos efeitos das desigualdades do mundo capitalista.

No início da década de 1960, parecia claro aos governantes africanos que sua autonomia e capacidade de mobilização exigiam a criação de organismos internacionais que os representassem. Tal organismo foi a OUA (Organização da Unidade Africana), lançada numa conferência internacional da qual participaram 31 chefes de Estado, na cidade de Addis Abeba, Etiópia. Alguns princípios básicos passaram a orientar a ação dos estadistas, numa carta de princípios que estabelecia o seguinte em seu artigo III:

1º – Igualdade soberana de todos os Estados-membros;

2º – Não ingerência nos assuntos internos dos Estados;

3º – Respeito pela soberania e pela integridade territorial de cada Estado e pelo seu direito inalienável a uma existência independente;

4º – Resolução pacífica dos diferendos, por via de negociações, de mediação, de conciliação e de arbitragem;

5º – Condenação sem reserva do assassinato político, bem como das atividades subversivas desenvolvidas por Estados vizinhos, ou quaisquer outros Estados;

6º – Devoção sem reservas à causa da emancipação total dos territórios africanos ainda não independentes;

7º – Afirmação de uma política de não alinhamento em relação a todos os blocos.

164 HISTÓRIA DA ÁFRICA

A mediação da OUA se mostrou eficaz em muitos conflitos que envolviam o estabelecimento de fronteiras entre seus países-membros, mas em diferentes situações as hesitações ou as divergências acabaram dividindo-a e enfraquecendo-a. A proposta de uma efetiva integração entre a África Subsaariana, Mediterrânica, Atlântica e Índica nunca foi concretizada.

O principal ponto de discordância entre os representantes dos Estados-membros da OUA disse respeito à posição a ser adotada em relação à África do Sul por ocasião do endurecimento do regime do *Apartheid* nos anos 1960-1970. Embora já em 1963 a organização tenha apelado aos países-membros para boicotarem a África do Sul, a Costa do Marfim tomou a iniciativa de reestabelecer relações em 1971, e dos 44 Estados que a integravam naquele ano, seis (Daomé, Gabão, Lesotho, Madagáscar, Malawi, ilha Maurícia) votaram pelo restabelecimento do diálogo, enquanto muitos outros, por razões econômicas, mantinham relações comerciais clandestinas.

O NEOCOLONIALISMO NA ÁFRICA

Uma das principais bandeiras do pensamento do líder político africano Kwame Nkrumah foi um pan-africanismo amplo, isento de limites e preconceitos de cor, que abrangesse todo o continente. Uma autêntica unidade de ação seria o único instrumento capaz de livrar o continente da ação imperialista, cujos efeitos ele soube melhor do que ninguém prever e avaliar.

Leia a seguir sua análise dos efeitos da influência das antigas metrópoles após as independências africanas, naquilo que ele denominou de neocolonialismo:

O maior perigo que a África enfrenta atualmente é o neocolonialismo, cujo principal instrumento é a balcanização. Este termo define de modo particularmente correto a fragmentação da África em estados pequenos e fracos; foi inventado para designar a política das grandes potências que dividiram a parte europeia do antigo Império Turco e criaram na península balcânica vários Estados dependentes e rivais entre si. O resultado desta política foi criar um barril de pólvora que qualquer faísca podia fazer explodir. De fato, a explosão produziu-se em 1914, com o assassinato do arquiduque austríaco em Sarajevo. Como os países balcânicos estavam estreitamente ligados às grandes potências e às suas rivalidades, o assassinato teve como consequência a primeira guerra mundial, a maior desencadeada até então.

Uma guerra mundial poderia também rebentar facilmente no nosso continente, se os estados africanos realizassem alianças políticas, econômicas ou militares com potências exteriores seus rivais. Vários comentadores políticos têm afirmado que a África se tornou o novo e vasto campo de batalha da guerra fria.

À medida que a luta nacionalista se intensifica nos países colonizados e a independência surge no horizonte, as potências imperialistas, pescando nas águas turvas do tribalismo e dos interesses particulares, tentam criar cisões na frente nacionalista para conseguir a sua fragmentação. A Irlanda e a Índia são exemplos clássicos. Os Franceses desmembraram a Federação da África Ocidental e a da África Equatorial. A Nigéria foi dividida em regiões, prevendo-se novas separações. O Ruanda-Burundi foi fragmentado com a independência. No Gana, como não conseguiram dividir-nos antes da independência, os ingleses impuseram-nos uma constituição destinada a provocar a desintegração da nossa unidade nacional. O Congo, declarado independente com um apressado e malicioso calculismo, tornou-se imediatamente o campo de batalha da divisão fomentada pelos imperialistas.

Tudo isto faz parte da política de balcanização intencional, com a qual o neocolonialismo procura manipular a África; de fato, esta política pode ser mais perigosa para a nossa legítima aspiração à independência econômica e política que um controle político direto.

A forma que o neocolonialismo apresenta hoje em África reveste-se de alguns destes traços. Atua encoberto, manobrando homens e governos, liberto do estigma da dominação política. Cria Estados-clientes, que são independentes no papel mas que, na realidade, continuam a ser dominados pela própria potência colonial que supostamente lhes deu a independência. É uma das "diversas espécies de países independentes que, no plano político, gozam de

> *uma independência formal, mas que, de fato, estão encurralados na rede da dependência financeira e diplomática". As potências europeias impõem certos pactos aos países balcanizados, assegurando o controle da sua política externa. Frequentemente, estes Estados garantem-lhes também bases militares permanentes no seu território. A independência destes Estados é apenas nominal; na verdade, perderam a sua liberdade de ação.*
>
> *Assim, embora nominalmente independentes, estes países continuam a viver na relação clássica da colônia com o seu "patrão" metropolitano, isto é, a produzir matérias-primas e a servir-lhe de mercado exclusivo. A única diferença é que agora essa relação está encoberta por uma aparência de ajuda e solicitude, uma das formas mais subtis do neocolonialismo. Como a França considera que só se poderá desenvolver perpetuando a sua relação atual com os países subdesenvolvidos que se mantêm na sua órbita, isto significa que o fosso entre aquela e estes se irá alargando. Para que este possa vir a ser diminuído, ou mesmo anulado, será necessário renunciar completamente à atual relação de patrão a cliente.*

Fonte: NKRUMAH, Kwame. O neocolonialismo em África. In: *A África deve unir-se*. Lisboa: Ed. Ulmeiro, 1977, pp. 197-217.

Numa visão de conjunto, o cenário político das nações africanas até os anos 1980 não era dos melhores. Contrariando as ideias de muitos líderes que lutaram pela independência, em todo o continente acabaram prevalecendo regimes de partido único, ou ditaduras militares apoiadas pelos EUA ou pela URSS, com ampla restrição das liberdades democráticas.

Entre 1960 e 1975, sucederam-se dezenas de golpes de Estado. Os militares tomaram o poder em diversos países da África Subsaariana, sobretudo após o bem-sucedido golpe militar organizado na Argélia, em 1965, por Houari Boumedienne, que parece ter servido de modelo de eficácia e êxito. Regimes de exceção foram instaurados no Alto-Volta (1966 e 1973), Burundi (1966), Congo-Brazzaville (1968), Congo-Kinshasa (1960 e 1965), Etiópia (1974), Ghana (1966 e 1972), Mali (1968), Níger (1974), Nigéria (1966 e 1975), República Centro-Africana (1966), Ruanda (1973), Serra Leoa (1967, 1968), Somália

DESCOLONIZAÇÃO E TEMPO PRESENTE **167**

(1969), Sudão (1958, 1969), Uganda (1971). Em 1969, Muammar al-Gaddafi liderou um golpe de Estado na Líbia, controlando o país até sua morte em 2011. Mas o país em que ocorreu maior número de golpes e contragolpes militares foi o então Daomé, atual Benim, em 1963, 1965, 1967, 1968, 1969 e 1972.

A mais odiosa das ditaduras militares africanas ocorreu em Uganda, entre 1971-1979, período em que o país ficou sob domínio do General Idi Amin Dada (1924-2003) após a derrubada do primeiro-ministro Milton Obote. As forças armadas dispunham então do poder de prender, julgar e condenar qualquer pessoa em tribunal militar. Tudo era decidido por um Conselho de Defesa controlado por Idi Amin.

Foi um período em que ocorriam constantes eliminações de opositores e expurgos no exército, execuções sumárias, inclusive execuções públicas em 1977. A União Nacional dos Estudantes de Uganda foi interditada e outras formas de oposição, silenciadas. Contra o ditador pesaram acusações de mandar matar milhares de pessoas. Os bens dos britânicos e asiáticos foram confiscados e boa parte deles expulsos do país. Os conflitos militares se sucederam contra o Quênia e a Tanzânia, e Idi Amin tornou-se inimigo declarado de Israel e da África do Sul, protagonizando eventos que tiveram grave repercussão internacional.

Vejamos agora a situação da Etiópia, em que o regime político estabelecido adotou uma postura de esquerda.

Pressionado pelas reivindicações sociais que cresceram em virtude da miséria provocada pela seca e pelas guerrilhas muçulmanas e esquerdistas na Eritreia, o velho imperador pró-americano Haile Selaissie foi derrubado por um golpe de Estado em 1974. A junta militar que assumiu o controle do país orientava-se para uma política de caráter populista, mas as oposições ameaçavam a existência do novo regime.

Esse governo, então, pendeu cada vez mais para os regimes socialistas do Leste Europeu, implementando ampla reforma agrária, mobilizando a população e rompendo com os EUA. Em 1977, o cel. Mengistu Haile Marian assumiu a direção do comitê governativo, e se aprofundou ainda mais o processo de implantação do socialismo. Enquanto isso, as vozes di-

168 HISTÓRIA DA ÁFRICA

vergentes eram silenciadas, e os opositores do regime, perseguidos, presos, exilados ou executados.

Em síntese, as elites militares e civis que se tornaram detentoras do poder procuravam justificar suas escolhas baseando-se em argumentos similares àqueles apresentados em todos os regimes autoritários: a sociedade de seus respectivos países ainda não estaria preparada para compartilhar o poder; a ausência de classes sociais e de antagonismos de classe tornariam inúteis as competições entre vários partidos; as restrições de direito seriam uma maneira de assegurar o mais rapidamente possível o desenvolvimento econômico. Para criar a nação, os governos não hesitavam em fundir grupos étnicos diversos num mesmo território, resultantes das fronteiras artificiais da colonização, eliminando desse modo as disparidades regionais e promovendo uma união nacional superficial.

Impostos de cima para baixo, esses Estados forjaram identidades e uniformidades que, na prática, não correspondiam à realidade. Devido à sua artificialidade, à falta de base de apoio genuínas, eles dependeram cada vez mais de parceiros estatais e institucionais externos que lhes prestassem auxílio financeiro, diplomático e até militar. Um dos exemplos ocorreu em 1969 no Chade, que precisou da intervenção de tropas francesas para controlar movimentos de rebelião. Noutros casos, seus líderes recorriam a empréstimos e financiamentos para a obtenção de armamento cada vez mais especializado, passando a alimentar a indústria bélica ocidental, principalmente de proveniência norte-americana.

Os Estados africanos pós-coloniais aceitaram as formas herdadas do período anterior, concebendo os territórios e fronteiras, as estruturas do Estado e as formas de administração do mesmo modo como as potências colonialistas ocidentais. Não levaram em conta as divergências étnicas ou étnico-religiosas, nem a influência dos poderes locais, controlados pelos chefes tradicionais. Estes continuaram a representar uma forma de poder paralelo, com respaldo da população.

As influências da Guerra Fria se fariam sentir em territórios disputados por grupos armados africanos, e em nenhum outro lugar interesses divergentes se projetaram de modo tão duradouro quanto em Angola.

DESCOLONIZAÇÃO E TEMPO PRESENTE **169**

Com a independência, em 1975, o governo passou a ser controlado pelo MPLA (Movimento Popular de Libertação de Angola), mas sua legitimidade continuou a ser contestada pela Unita (União para a Independência Total de Angola), liderada por Jonas Savimbi (1934-2002). Os guerrilheiros da FNLA (Frente Nacional para a Libertação de Angola), apoiados pelos EUA e pelas tropas do Zaire, avançaram do norte para atacar a capital, Luanda. Foram derrotados pelo MPLA, que contava com o apoio diplomático da URSS e com o auxílio de instrutores cubanos chamados a interferir no país. Enquanto isso, no Sul, a Unita e o exército sul-africano começavam a realizar operações militares com a finalidade de avançar e derrotar o MPLA.

Dispondo de importantes fontes de recursos minerais e petróleo, Angola chamava a atenção das potências mundiais e das potências emergentes, como a África do Sul, que pretendia expandir sua influência por toda a África Austral. Desde o fim da Segunda Guerra Mundial, as pretensões expansionistas do governo de Pretória sobre o Sudoeste africano esbarravam nas determinações da ONU, que tendia a reconhecer a existência de um Estado independente na Namíbia.

A presença de cerca de 50 mil brancos africânderes, numa população composta de 430 mil pessoas, em sua maior parte de etnia ovimbundo, motivava a África do Sul a inserir toda a área situada abaixo de Angola no sistema federativo do *Apartheid*. Em reação às pretensões sul-africanas, desde o princípio da década de 1970 se formou na Namíbia um movimento armado denominado SWAPO (organização do Povo do Sudoeste Africano), que estabeleceu laços de aliança com o MPLA.

Daí o apoio financeiro, técnico e mesmo a intervenção militar direta prestados pela África do Sul em apoio à Unita, e sua tentativa de ocupação militar do sul de Angola. Enquanto isso, o regime socialista em processo de implantação pelo MPLA buscava recursos técnicos e humanos na URSS e sobretudo em Cuba.

Esse complexo quadro conduziu ao conflito entre as tropas fiéis ao governo de Angola e as tropas dissidentes da Unita e da África do Sul na batalha de Cuito Canevale, ocorrida em 1987. A vitória do MPLA conso-

170 HISTÓRIA DA ÁFRICA

lidou sua posição no interior do país e repeliu as pretensões da África do Sul. Mas a guerra civil movida pela Unita se prolongou até 2002, ano da morte de Jonas Savimbi.

Na própria África do Sul, onde o governo de uma minoria branca adotara desde 1948 a política de segregação racial conhecida pelo nome de *Apartheid*, o fortalecimento do regime despertou forte oposição, já que supunha a superioridade absoluta dos brancos sobre os negros e, para mantê-lo, o governo desenvolveu um sistema de vigilância e repressão.

Os casamentos inter-raciais eram proibidos e as relações sexuais de brancos com não brancos, punidas com a prisão. Apenas os brancos podiam atuar no Parlamento, e a propriedade da terra estava concentrada quase exclusivamente entre estes. Os negros trabalhavam como mão de obra barata nas fazendas, minas e indústrias, e até sua circulação pelo país era controlada por documentos de identificação, passes ou salvo-condutos. Havia veículos de transporte próprios para brancos e para negros, lugares separados em praças e parques, bibliotecas, bares e restaurantes, e inclusive nas praias.

As reações ao regime de segregação ocorreram desde o período de formação da União Sul-Africana. Data de 1912 a criação do Congresso Nacional Africano (ANC, African National Congress), principal entidade de representação dos negros. Já nos anos 1920, seus líderes promoveram uma greve que mobilizou 40 mil mineiros em todo o país. Na década de 1940, organizaram mais 40 greves, envolvendo cerca de 60 mil pessoas.

A resistência pacífica deu lugar a movimentos armados e ao boicote, liderados pelo ativista Nelson Mandela (1918). Isto ocorreu depois do Massacre de Shaperville, em 1960, quando a polícia atirou sobre uma multidão de 5 mil pessoas que protestava contra o uso dos passes e salvo-condutos. Em 1962, Nelson Mandela foi preso, e em 1964, condenado à prisão perpétua. Ele permaneceu na prisão até 1990, tornando-se a principal referência da luta contra o *Apartheid*.

Em 1976, uma onda de violência policial explodiu no subúrbio de Soweto, em Johanesburgo, quando jovens estudantes protestavam contra a obrigatoriedade do estudo da língua africânder. A repressão provocou a morte de 600 manifestantes e a prisão de 13 mil outros. O idealizador do movimento, Steve Biko, foi aprisionado, torturado e morto em 1977.

As pressões por parte da ONU provocaram o crescente isolamento do regime do *Apartheid* e, nos anos 1980, o país caiu em gradativo descrédito, perdendo investimentos externos e sendo boicotado por outras nações. Nos primeiros anos da década de 1990, com a libertação de Mandela e a abertura gradativa do regime, o Partido Nacional perdeu a posição de supremacia no governo. Mandela foi eleito presidente em 1994, junto com o ex-presidente branco Frederik de Klerk, decretando o fim dos bantustões e da segregação legal, e conduzindo o país a uma reorganização interna, num governo de conciliação nacional.

A ascensão de Mandela ao poder assinalou um importante ponto de viragem na história política africana, mas não foi um acontecimento isolado. No contexto do fim da Guerra Fria, o continente africano assistiu a um significativo conjunto de mudanças que teve por consequência a ampliação da participação popular, o fortalecimento de instituições estatais autônomas e a criação de organismos internacionais mais sólidos.

Em 1990, após um longo processo eleitoral concretizado com a mediação da ONU, a Namíbia alcançou sua independência em relação à África do Sul. Ao mesmo tempo, uma onda de movimentos de caráter democrático emergiu em toda a África, e diversos regimes de partido único foram substituídos, frente a pressões internas e externas, por sistemas liberal-democráticos multipartidários. Estados em guerra civil como Angola (maio de 1991) e Moçambique (outubro de 1992) assinavam acordos de paz, e algumas ditaduras, de caráter socialista, foram derrubadas, como ocorreu na Etiópia em 1991.

Entretanto, violentas guerras civis continuavam a causar estragos no Senegal, em virtude das reivindicações dos povos da região de Casamance; na Libéria e em Serra Leoa; e nos Estados do Sahel (Mali, Níger, Mauritânia e a própria Argélia), devido aos movimentos armados dos tuaregues; e as divergências políticas, de fundo étnico, promoveram em Ruanda a guerra entre hutus e tutsis, que provocou o genocídio de 500 mil a 800 mil tutsis, e a geração de cerca de 4 milhões de refugiados. No Congo, o estado permanente de guerra entre milícias armadas e os grupos que controlam o governo, entre 1997 e 2004, matou cerca de 4 milhões de pessoas civis, de ambos os sexos, fossem crianças, velhos e mulheres, o que faz dele um dos países mais instáveis do mundo na atualidade.

Com o alvorecer do século XXI, movimentos de contestação populares, com amplo apoio da comunidade internacional capitalista, têm disputado o poder aos regimes de exceção, ditaduras e governos islâmicos africanos. Em 2011, a ONU reconheceu a independência da República do Sudão do Sul, após o longo período de guerra civil para a separação da República do Sudão. O novo país detém importantíssimas jazidas de petróleo, mas é um dos mais pobres do mundo. Enquanto isso, em 2010-2011 governos ditatoriais na África do Norte foram sacudidos por protestos pacíficos ou conflitos armados naquilo que tem sido denominado de "Primavera Árabe", com a derrubada de três chefes de Estado na Tunísia (Zine El Abdine Ben Ali), Egito (Hosni Mubarak) e na Líbia (Muammar al-Gaddafi).

Qual o reflexo desses acontecimentos para o continente? Será preciso mais tempo para uma avaliação de conjunto, mas uma coisa é certa: a igualdade social e a democracia ainda estão por ser conquistadas pelas sociedades civis africanas contemporâneas.

A HERANÇA COLONIAL

O colonialismo deixou graves consequências na África. No plano econômico, extraiu riquezas e se aproveitou das fontes de energia e jazidas minerais ali existentes. No plano cultural, inculcou valores negativos, de fundo racista, que era a ideologia defendida pelos colonizadores para justificar sua dominação no continente. No plano político, ao ocupar e unificar territórios antes disputados por grupos de diferentes etnias e culturas, promoveu uma identificação aparente que gerou disputas, guerras e massacres. As lógicas e as dinâmicas coloniais foram mantidas, voluntariamente ou não, pelos Estados pós-coloniais, e o preço desses continuísmos não foi baixo.

DESCOLONIZAÇÃO E TEMPO PRESENTE **173**

Poucos foram os Estados-nações africanos que conseguiram, na segunda metade do século XX, implementar com maior ou menor sucesso uma infraestrutura industrial. Isso se verificou em países pequenos ou de pouca expressão, como Botsuana, a ilha Maurícia, Ghana e Zimbábue. A maior potência africana, com real capacidade de desenvolvimento industrial autônomo, é mesmo a África do Sul. No início dos anos 1990, o país produzia cerca de 60% da energia de toda a África, 90% do carvão e do ferro, 45% de toda a produção automobilística, 50% dos equipamentos telefônicos e 60% de todo o tráfego ferroviário.

Pela mesma época, os demais países continuavam a ser fornecedores de matérias-primas ou de recursos minerais e energéticos, dependendo das exportações de determinados produtos. Alguns retiravam suas receitas da extração e comercialização de diamantes (Angola, República Centro-Africana, República Democrática do Congo, Serra Leoa, Namíbia), de urânio (Níger, Congo), fosfato (Togo), petróleo (Congo, Gabão, Nigéria, Angola). Entre os produtos agrícolas destacam-se o café (Burundi, Madagáscar, Costa do Marfim, Etiópia, Tanzânia, Uganda), o cacau (Ghana, São Tomé e Príncipe, Costa do Marfim), açúcar (Suazilândia, ilha Maurícia) e algodão (Burkina Faso, Mali, Moçambique, Tanzânia).

Essas riquezas, apropriadas por uma minoria de negociantes locais articulados ao capital estrangeiro, pelos governos que controlavam a vida política e exerciam monopólio sobre determinadas atividades econômicas, e destinadas ao mercado internacional, não foram revertidas em benefício das populações locais, que permaneceram em péssimas condições sociais.

Tais economias dependentes sofreram o profundo impacto da crise mundial desencadeada pela queda do preço do petróleo durante a década de 1970, que derrubou os preços dos artigos agrícolas e minerais. As exportações africanas, que representavam 2,4% do total mundial em 1970, caíram para 1% no ano 2000, sabendo-se que só o petróleo correspondia a 40% deste valor.

Apenas como ilustração, observe a situação da atual República Democrática do Congo, que entre 1971-1997 chamava-se Zaire. Embora dispusesse de recursos extraordinários no setor de exploração mineral –

174 HISTÓRIA DA ÁFRICA

devido às suas reservas de cobre, cobalto, urânio e diamantes que cobriam cerca de 65% de suas exportações –, a queda nos preços desses artigos provocou muitas dificuldades em 1977, pois acarretou na escassez dos gêneros alimentícios e forçou o país a gastar cerca de 30% de suas divisas com importações de alimentos.

No cômputo final, a África é o continente economicamente mais pobre do mundo, com a mais baixa taxa de desenvolvimento urbano e com os piores índices de desenvolvimento humano. Aos anos já difíceis da independência se seguiram variações climáticas danosas, com secas que flagelaram a população e produziram graves ciclos de fome nos anos 1972-1974 e na década de 1990, quando atingiram proporções catastróficas, sobretudo na região do Chifre da África.

Tudo isso agravado pela tendência do crescimento da população, que passou dos 222 milhões de habitantes em 1950 para cerca de 680 milhões em 1992 e cerca de 1 bilhão em 2011. O ritmo crescente da população contrastava com as difíceis condições de sobrevivência, de modo que, entre 1985 e 1992, a média da esperança de vida era de 52 anos, a mais baixa do mundo.

A esse quadro, deve-se juntar, desde o início dos anos 1980, os efeitos devastadores da aids, que, na avaliação dos pesquisadores, teria sido responsável pela morte de 30 milhões de habitantes em todo o continente.

Segundo as estimativas oficiais, dois terços das pessoas infectadas pelo vírus pertencem aos países africanos, onde a ausência de programas de prevenção e os altos custos do acompanhamento dos indivíduos soropositivos fizeram com que a epidemia se tornasse absolutamente letal, mesmo em países com bom desenvolvimento estrutural, como a África do Sul. Estima-se que em Uganda, em 1993, existiam 1,3 milhão de pessoas infectadas, isso numa população de 17 milhões. Os principais focos de difusão eram os centros urbanos, e a maior incidência ocorria na população economicamente ativa, entre 15 e 50 anos de idade.

Na virada do século XXI, as lideranças africanas têm se esforçado para estabelecer parcerias e resolver os problemas comuns do continente. Em março de 2001, a OUA foi substituída pela União Africana, cuja finalidade é

DESCOLONIZAÇÃO E TEMPO PRESENTE **175**

promover a cooperação entre os Estados e sua integração regional, política e econômica. Depois, teve início a consecução do Nepad (Nova Parceria para o Desenvolvimento da África), um conjunto de medidas cuja finalidade estratégica é a erradicação da pobreza e a promoção do desenvolvimento socioeconômico através da via democrática e de medidas governamentais sujeitas à constante avaliação.

A EXPRESSÃO CULTURAL AFRICANA

Em meio a tantas dificuldades, no plano cultural os africanos conseguiram se impor diante das tendências hegemônicas e marcar sua posição nas principais modalidades da criação científica, filosófica e artística do mundo contemporâneo. Seus elos históricos com as populações afro-americanas garantiram, por sua vez, que as contribuições das culturas de matriz afro se projetassem na cena internacional.

Conscientes da profunda relação entre história e cultura, a geração de intelectuais africanos contemporânea do período da descolonização dedicou-se a repensar e reescrever a história de seu continente. Inspirados no ideário do pan-africanismo e da *negritude*, esses intelectuais refutaram o pensamento eurocêntrico que inferiorizava a África e procuraram inverter a posição de subordinação, colocando-a no centro do discurso histórico. Foi a geração de Joseph Ki-Zerbo, Djibril Tamsir Niani, Cheikh Anta Diop, Théophile Obenga, Aboubacry Moussa Lam e Kapet De Bana. Tais pesquisadores inovaram ao introduzir na pesquisa histórica elementos fundamentais das sociedades tradicionais africanas, como as tradições orais, e também ao introduzir na análise histórica uma perspectiva interdisciplinar. O objetivo maior era recuperar o ponto de vista africano no discurso histórico.

Cheikh Anta Diop (1923-1986), um dos mais importantes pensadores do pan-africanismo, foi também o mais influente intelectual africano do século xx. Seus estudos foram realizados inicialmente em Paris, onde se formou em Física, e depois realizou estudos de História, Linguística, Economia, Sociologia e Antropologia. Defendeu a ideia da anterioridade

176 HISTÓRIA DA ÁFRICA

das civilizações negras e da identidade racial e cultural dos povos negros em livros fundamentais, como *Nations nègres et culture* (Nações negras e cultura) (1954) e *L'Unité culturelle de l'Afrique Noire* (A unidade cultural da África negra) (1960). Deve-se a ele e a seus seguidores, como Théophile Obenga, a tese segundo a qual o berço de todas as culturas negras seria o Egito, matriz civilizacional genuinamente africana.

Num congresso internacional para a escritura da História da África patrocinado pelo governo da Tanzânia em 1965, o ponto central do programa era a busca da especificidade e autonomia da experiência histórica africana. A mais importante iniciativa dessa retomada de contato com o passado foi a elaboração da prestigiada e ainda atual *Histoire générale de l'Afrique* (História geral da África), obra patrocinada pela Unesco em oito volumes, rigorosa e objetiva, lastreada em pressupostos teórico-metodológicos sofisticados, submetida ao exame crítico dos mais destacados africanólogos.

Essa perspectiva da unidade cultural orientou certas iniciativas governamentais, sobretudo daqueles países cujos líderes eram simpáticos ao pan-africanismo. Já em 1966, poucos anos após a independência, realizava-se, no Senegal, o Festival Mundial de Artes Negras, que congregava artistas africanos e da América e mostrava de modo transparente a vitalidade da África que reemergia. O evento se repetiu na Nigéria em 1977 e de novo no Senegal em 2010, quando um dos países homenageados foi o Brasil.

Inúmeros intelectuais africanos alcançaram posições de destaque internacional, como criadores, poetas, ensaístas, romancistas e cineastas, com obras cuja preocupação com os destinos da África e dos africanos sempre está em primeiro plano. Entre esses, destacam-se na poesia Léopold Senghor, um dos mais conhecidos difusores dos ideais da negritude; na criação romanesca, Chinua Achebe, que soube dramatizar em suas obras o profundo choque gerado pela colonização; e no teatro, Wole Soyinka, que articulou a estrutura formal do drama grego aos elementos da mitologia iorubá, inserindo a cultura africana no circuito das linguagens universais.

A extraordinária contribuição da África à cultura sonora mundial, com o jazz e o blues norte-americano e seus desdobramentos modernos, a rumba cubana, o samba brasileiro, o tango argentino e o candombe uruguaio, refluiu para o continente no momento da descolonização.

Os elementos comuns da musicalidade de origem afro, nomeadamente a escala, certas formas harmônicas e rítmicas e a prevalência dos instrumentos de percussão, estão presentes no estilo conhecido como *highlife*, difundido a partir da República de Gana nos anos 1950. Ele teria certa influência na Nigéria e na constituição do estilo *afro-beat* durante a década de 1970, do qual o músico Fela Kuti se tornou o mais conhecido representante.

Na atualidade, compositores e instrumentistas da África Ocidental ganharam notoriedade na cena musical internacional a partir da vinculação de suas obras às variações rítmicas do jazz. Entre eles cabe destacar Manu Dibango, Pierre Akendegué, Alpha Blondy, Salif Keita, Ali Farka Touré, Mulatu Astatke e Toumani Diabaté.

Outro campo de criação em que se pode observar nítida preocupação com a criação de uma linguagem, uma estética e um discurso crítico a partir da reflexão social é o cinema. Fora dos circuitos internacionais europeus e norte-americanos, a produção cinematográfica africana contou com auxílio de órgãos oficiais, que deram certo apoio à produção e abriram espaços para a exibição de filmes, como as Jornadas Cinematográficas de Cartago (1965), o Simpósio do Filme Pan-Africano de Mogadiscio (1981) e, sobretudo, o Festival Pan-Africano de Uagadugu (Fespaco, 1972).

Influenciado em suas origens pela leitura etnográfica da realidade proposta pelo cineasta e pesquisador francês Jean Rouch, o cinema africano soube logo encontrar rumos próprios e estabelecer um profícuo diálogo com a realidade em que as obras dos cineastas foram produzidas. O compromisso político dos primeiros grandes cineastas aparece desde o que é considerado o primeiro longa-metragem africano, de autoria do diretor senegalês Ousmane Sembène, chamado *La noire de...*, lançado em 1966 no Festival Mundial de Artes Negras de Dakar, em que o argumento e o enredo diziam respeito ao racismo colonial.

Considerado o criador do cinema africano, Sembène, dotado de olhar fino e penetrante, descreveu sem complacência as contradições e desigualdades da sociedade senegalesa pré-colonial, colonial e contemporânea. Através de seus filmes, atacou tanto o caráter reacionário da religião islâmica (no filme *Ceddo*, de 1976), quanto o caráter opressor da colonização francesa (no filme *Emitai*, de 1973), além de falar também da corrupção da elite republicana (no filme *Xala*, de 1975) e do caráter retrógrado e nefasto de costumes populares, como a mutilação clitoriana das meninas (em *Moolade*, de 2004).

Nas criações desses artistas e intelectuais, a África recupera a personalidade que o colonialismo lhe retirou. O que se sobressai em suas obras é o constante diálogo entre a tradição e a modernidade que, em vez de aparecerem como fenômenos antagônicos, são apresentados como complementares.

Talvez seja esse o principal ponto de divergência entre tais criações ficcionais, que constituem, no final das contas, projeções do real, representações do real, e a realidade política dos governantes africanos, que em sua maior parte optou apenas pela modernidade.

* * * * *

Seja como for, a vitalidade das criações culturais, a pluralidade das manifestações sociais e a visibilidade do continente no tempo presente atestam o dinamismo e a capacidade de superação dos africanos. Entre calamidades, dissensões e conflitos, eles têm demonstrado a excepcional capacidade de criar e propor alternativas para seus próprios problemas. Voltaram a ser os senhores de seu destino, os promotores de sua história e os artífices de seu futuro.

SUGESTÕES DE LEITURA

Visentini, Paulo G. F. *A África moderna*: um continente em mudança (1960-2010). Porto Alegre: Leitura xxi, 2010.

Obra de divulgação em que o autor, especialista em História das Relações Internacionais e professor da Universidade Federal do Rio Grande do Sul, apresenta um panorama do período pós-colonial, com destaque para a evolução dos regimes políticos, a dependência econômica e os impasses sociais, bem como o estabelecimento de parâmetros de cooperação entre as nações africanas na era da globalização.

Zupi, Marco. *Le fardeau de la mondialisation en Afrique*: développement économique et dette extérieure. Paris: Hartmann, 2009.

Balanço dos resultados da inserção dos países africanos no mundo capitalista e das condições em que se inseriram no período da globalização, com interpretação econômica das problemáticas do desenvolvimento, da desigualdade e do endividamento externo.

Maquet, Jacques. *El poder negro en Africa*. Madrid: Guadarrama, 1971.

Análise sociológica das principais formas de exercício do poder na África Subsaariana. Estudam-se as formas de poder ditas tradicionais, provindas do enquadramento dos indivíduos às linhagens investidas de autoridade e apoiadas em elementos de cunho religioso. A seguir, são examinadas as alterações introduzidas pela colonização europeia, com a constituição de uma elite negra formada nos meios urbanos, que passa a ocupar as posições de mando na sociedade.

Saraiva, José Flávio Sombra. *Formação da África contemporânea*. São Paulo: Atual, 1987.

Obra de divulgação, de caráter paradidático, apresenta em perspectiva sintética as grandes linhas da história da África nos séculos xix e xx, com ênfase nas estratégias políticas e nas relações internacionais. O autor é docente e pesquisador na Universidade de Brasília.

Cornevin, Marianne. *História da África contemporânea*. Lisboa: Edições Sociais, 1979, v. 1.

Narrativa dos principais eventos políticos no período da independência e formação dos Estados africanos atuais. Esposa de Robert Cornevin, que ocupou o cargo de Administrador-Geral do Ultramar Francês, a autora atuou como médica no Daomé, Argélia e Togo nos anos 1940-1950, tornando-se *expert* em assuntos africanos. No texto, grande atenção é conferida à iniciativa dos líderes africanos e às estratégias do neocolonialismo.

Merle, Marcel (dir.). *L'Afrique noire contemporaine*. Paris: Librairie Armand Colin, 1968.

Uma das primeiras sínteses acadêmicas realizadas na França a respeito dos Estados africanos nascentes, com trabalhos que procuram dar conta dos vários aspectos dos Estados e sociedades que estavam em formação.

Sugestões gerais de leitura

VVAA. *História geral da África*. Brasília: MEC-Unesco-UFSC, 2010, 8 v.

A mais importante obra dedicada ao estudo da história do continente africano, realizada por uma comissão internacional de africanólogos com financiamento da Unesco em 1964, no momento de surgimento das nações africanas. A coleção destaca-se pela abrangência, rigor científico, profundidade, isenção e objetividade, e pelo fato de enfatizar o ponto de vista dos africanos sobre sua história. Parcialmente inédita no Brasil até 2010, a tradução para o português foi realizada por uma equipe da Universidade Federal de São Carlos, com financiamento da Secad-MEC. Versões impressas foram enviadas para as bibliotecas públicas, escolares e universitárias, e uma versão eletrônica encontra-se à disposição no Portal da Representação da Unesco no Brasil, e no Portal do MEC: <http://portal.mec.gov.br/index.php?option=com_content&view=article&id=1614612>. Acesso em: dez. 2012.

KI-ZERBO, Joseph. *História da África negra*. Lisboa: Publicações Europa-América, 1989, 2 v.

Publicada na França em 1972, a obra tornou-se logo um clássico da historiografia. Foi a primeira interpretação in-

182 HISTÓRIA DA ÁFRICA

dividual de grande envergadura sobre o sentido global da história africana, numa revisão crítica do eurocentrismo e das estratégias de dominação impostas ao continente, e numa perspectiva de valorização das lutas e dos variados processos pelos quais os africanos construíram sua história.

MBOKOLO, Elikia. *África negra:* história e civilizações. Salvador; São Paulo: UFBA; Casa das Áfricas, 2009-2011, 2 t.
Publicada na França em 2003-2008, a obra encontra-se parcialmente traduzida no Brasil e integralmente traduzida em Portugal. O autor, originário da República Democrática do Congo, é diretor de estudos no Centro de Estudos Africanos da École des Hautes Études en Sciences Sociales de Paris. É a mais atual e bem-sucedida visão de conjunto da história da África Subsaariana, elaborada a partir de análises conceituais rigorosas em que a narrativa dos fatos cede lugar ao exame dos fundamentos histórico-sociais das formações africanas levando em conta sua originalidade, variedade e dinâmica, e as modalidades de relacionamento que estabeleceram com o islã e com o Ocidente ao longo da trajetória histórica do continente.

FAGE, John. *História da África.* Lisboa: Edições 70, 1997.
Publicada na Inglaterra em 1978, com edições atualizadas em 1988, 1995 e 1997, a obra de síntese e de divulgação apresenta os pontos de vista do experiente pesquisador britânico que orientou os estudos de toda uma geração de africanólogos. A abordagem dos assuntos é construída a partir da narrativa dos principais acontecimentos, numa perspectiva eminentemente eurocêntrica.

OLIVER, Roland. *A experiência africana.* Rio de Janeiro: Jorge Zahar, 1994.
Síntese de divulgação lançada em 1992 na Inglaterra pelo professor e pesquisador de História da África na Universidade de Londres, apresenta ao longo de vinte capítulos curtos, em texto elegante e fluente, um grande panorama da evolução política dos povos e Estados africanos, desde as origens pré-históricas até o final da década de 1980.

ILLIFE, John. *Os africanos:* a história dum continente. Lisboa: Ed. Terramar, 1999.
Especialista em História da África na Universidade de Cambridge, Inglaterra, o autor propõe nessa obra de síntese publicada em 1995 uma interpretação acessível e bastante completa da evolução das várias civilizações africanas, desde as origens até a metade dos anos 1990, com indicações sobre aspectos da cultura material que as sustentaram, numa perspectiva de valorização dos africanos.

DAVIDSON, Basil. *Os africanos:* uma introdução à sua história cultural. Luanda: Instituto Nacional do Livro e do Disco, 1969.
Grande conhecedor da história e da realidade social africana, e um dos raros estudiosos europeus adeptos do afrocentrismo, o autor fornece um amplo quadro dos sistemas de valores essenciais das culturas africanas. Lugar de destaque é reservado aos sistemas morais, às formas de expressão do pensamento filosófico e ao sentimento religioso.

SWEETMAN, David. *Grandes mulheres da história africana.* Lisboa: Nova Nórdica, 1984. (Biografias históricas africanas)
Trabalho de divulgação, baseado apenas em pesquisa bibliográfica, sem maiores pretensões acadêmicas. Ao compilar e organizar informações sobre a trajetória de mulheres que se notabilizaram em suas respectivas sociedades, como as cândaces de Meroé, a Kahina no

Magreb, a rainha Nzinga Mbandi no reino de Ndongo e as amazonas do Daomé, entre outras, o livro desperta interesse e torna-se um importante referencial de leitura para uma primeira abordagem do tema.

READER, John. *África:* biografia de um continente. Lisboa: Publicações Europa-América, 2002.
Grande conhecedor da realidade africana, o autor, que é inglês e viveu durante algum tempo na África do Sul, propõe uma interpretação original das dinâmicas da evolução do continente desde as suas primeiras manifestações, na Pré-história, até meados dos anos 1990. Ao longo dos capítulos são identificados os processos físicos que determinaram o curso da progressão continental, com grande atenção ao contexto ecológico em que ocorreram.

LUGAN, Bernard. *Atlas historique de l'Afrique, des origines à nos jours.* Paris: Editions du Rocher, 2001.
Importante instrumento de estudo, com a evolução natural, política, social e econômica do continente mostrada através de mapas com ótima qualidade gráfica.

MURRAY, Jocelyn. *Cultural atlas of Africa.* Oxford: Phaidon, 1981.
Guia que permite uma introdução ao conhecimento da África e dos povos africanos, com mapas, gráficos, amplo material iconográfico e informações gerais por região e por países.

Referências na web

A seguir estão indicações de portais, sites e blogs em que se podem encontrar materiais disponibilizados em forma eletrônica na internet, em língua portuguesa, sobre a história, a cultura e o pensamento africano. Na sequência, constam as indicações de filmes e documentários que retratam aspectos da história e da cultura africana.

186 HISTÓRIA DA ÁFRICA

SITES, PORTAIS E REVISTAS

BCEA – BIBLIOTECA CENTRAL DE ESTUDOS AFRICANOS
(Instituto Superior de Ciência e Tecnologia – ISCTE, Lisboa)
(http://bcea.iscte.pt/)

O Instituto Superior de Ciência e Tecnologia (ISCTE) é uma instituição de ensino superior privado em Portugal. Sua biblioteca dispõe de uma seção especializada em que se podem encontrar livros e periódicos, em português e demais línguas europeias, pertencentes ao Centro de Estudos Africanos, sobre os mais variados aspectos da história, sociedade, economia, literatura e cultura.

BUALA – CULTURA CONTEMPORÂNEA AFRICANA
(http://www.buala.org)

Portal multidisciplinar em que se encontram disponibilizados textos de reflexão, crítica e documentação das culturas africanas contemporâneas, em suas conexões com os afrodescendentes das diásporas europeia e americana. O objetivo é criar pontes que permitam o acesso aos interessados pelas realidades africanas, principalmente nos domínios de expressão da língua portuguesa.

CASA DAS ÁFRICAS: ESPAÇO CULTURAL E DE ESTUDOS SOBRE SOCIEDADES AFRICANAS
(www.casadasafricas.org.br)

Criada por uma ONG paulistana, a Casa das Áfricas é um centro de estudos, pesquisas e divulgação dedicado exclusivamente aos assuntos africanos. Nela participam renomados docentes e pesquisadores nacionais e internacionais. A partir do site é possível ter acesso a projetos, vídeos e, sobretudo, a um extenso banco de textos acadêmicos em que se podem encontrar títulos sobre diferentes aspectos dos estudos em africanologia.

MEMÓRIA DE ÁFRICA
(Fundação Portugal/África – Universidade de Aveiro)
(http://memoria-africa.ua.pt)

O portal dispõe em seu catálogo on-line de referências gerais e especializadas sobre inúmeros pontos pertinentes ao continente que podem ser encontrados nos acervos das bibliotecas portuguesas. Além disso, disponibiliza em versão eletrônica periódicos, documentos originais e livros portugueses sobre a história de Angola, Moçambique, Guiné, São Tomé e Cabo Verde durante o período colonial.

REVISTA – AFRICANA STUDIA
(Centro de Estudos Africanos – Universidade do Porto)
(http://www.africanos.eu/ceaup)

Periódico acadêmico de estudos e pesquisas sobre a história e a sociedade africana, com forte participação de pesquisadores portugueses da Universidade do Porto.

REVISTA – AFRO-ÁSIA
(Centro de Estudos Afro-Asiáticos – Universidade Federal da Bahia)
(www.afroasia.ufba.br)

Importante periódico em que se podem encontrar estudos sobre a África e os afrodescendentes, com ênfase na história do tráfico de escravos e as estratégias de sobrevivência das comunidades de afrodescendentes no Brasil.

REFERÊNCIAS NA WEB **187**

FILMES AFRICANOS
NO BLOG CINE-ÁFRICA E NO YOUTUBE
(www.cine-africa.blogspot.com)

***Keita! L'heritage du griot* (Keita! O legado do griot). Direção de Dani Kouyaté, 1997 (Burkina Faso), 96 min.**
O velho griô Djeliba deixa sua aldeia do interior e se instala na residência da família Keita para realizar uma missão: a iniciação do menino Mabô nas tradições familiares, cuja origem remonta a Sundjata Keita – o fundador do Império do Mali criado no século XIII. Mas as diferenças entre a memória preservada pela oralidade e a história ensinada a Mabô na escola geram um clima de tensão entre o contador de histórias e o professor do menino.

***Yeelen* (A luz). Direção de Souleymane Cissé, 1987 (Mali/Burkina Faso), 105 min.**
Num tempo imemorial, mítico, o jovem Nianankoro, dotado de poderes que pouco compreende, prepara-se para enfrentar o pai, um poderoso feiticeiro que é membro da sociedade Komo e deseja matá-lo. Antes do confronto, ele realiza uma jornada iniciática em busca de experiência, conhecimento e dos segredos de sua linhagem.

***Ceddo* (Intrusos). Direção de Ousmane Sembene, 1977 (Senegal), 120 min.**
Num passado distante (provavelmente no século XVII), um pequeno reino da África Ocidental encontra-se dividido entre os interesses divergentes dos governantes tradicionais, mercadores de escravos e missionários cristãos, lideranças islâmicas que tentam impor sua crença e parte da população resistente à conversão, composta pelos povos *ceddo*. O quadro se agrava com o rapto da princesa Dior, a filha do rei, e se instaura um clima de guerra. Proibido no Senegal, o filme tornou-se um clássico do cinema político e é um marco da cinematografia africana.

***Jom* (A história de um povo). Direção de Ababacar Samb-Makharan, 1982 (Senegal), 73 min.**
Uma greve estoura numa fábrica em Dakar, Senegal, e dois grupos divergem quanto aos rumos do movimento. Para inspirá-los, um griô conta a história de um príncipe lendário, Dieri Dior Ndella, que no fim do século XIX sacrificou a própria vida para resistir ao colonialismo francês, e Koura Thiaw, uma artista renomada que assumiu a causa de domésticas oprimidas nos anos 1940, ambos se tornando heróis para o seu povo.

***The lion of the desert* (O leão do deserto). Direção de Moustapha Akkad, 1981 (Líbia), 156 min.**
Realizado por um conhecido cineasta egípcio, com financiamento do governo da Líbia, o filme retrata a história verídica da luta dos povos berberes contra o domínio italiano nos anos 1920-1930 sob a liderança de Omar Mukthar, que acabou sendo preso e executado pelo regime fascista de Benito Mussolini. Proibido pelo governo italiano, que se baseava no argumento de que seria ofensivo à honra do exército nacional, ele foi liberado para exibição naquele país apenas em 2009, durante a visita oficial de Muammar al-Gaddafi.

***Tabataba*. Direção de Raymond Rajaonarivelo, 1988 (Madagáscar), 79 min.**
No coração da floresta de Madagáscar, numa aldeia malgaxe, o camponês Léhedy decide entrar para o movimento de resistência ao colonialismo francês, passando a liderar seus conterrâneos numa luta desigual. Toda a história da insurreição e da repressão que se seguiu é vista a partir do olhar do irmão mais jovem do rebelde, o garoto Solo.

188 HISTÓRIA DA ÁFRICA

Emitai. Direção de Ousmane Sembene, 1973 (Senegal), 110 min.
Durante o período do colonialismo francês, o recrutamento militar obrigatório desperta a indignação dos povos nativos. Com a repressão que se segue, os homens refugiam-se na floresta, e então as mulheres decidem reagir, boicotando o fornecimento de alimentos aos representantes da administração colonial.

Hors-la-loi (Foras da lei). Direção de Rachid Bouchareb, 2010 (Argélia), 138 min.
A luta pela libertação argelina nos anos 1940-1960 é retomada a partir dos encontros e desencontros entre três irmãos que vivem em Paris, depois de sua expulsão da Argélia em 1945. Dois deles passam a agir na clandestinidade, na Frente de Libertação Nacional, realizando atentados e assassinatos políticos, enquanto outro sobrevive no submundo da prostituição, dos jogos e se torna um importante promotor de lutas de boxe. Entretanto, seus destinos encontram-se ligados pelo amor da mãe e pelo desejo da libertação da terra natal.

Sambizanga. Direção de Sarah Maldoror, 1972 (Angola), 93 min.
Uma das primeiras criações cinematográficas feitas em Angola, que na ocasião permanecia sob domínio colonial, trata da prisão, tortura e assassinato de um militante pela libertação africana pela polícia secreta portuguesa, e a luta de sua esposa para encontrá-lo. Disponível em: <http://www.youtube.com/watch?v=TVXWIBmjkSg>. Acesso em: 12 dez. 2012.

Finyé (O vento). Direção de Souleymane Cissé, 1983 (Mali/Burkina Faso), 105 min.
Dois jovens estudantes da República do Mali, Bâ e Batrou, pertencentes a classes sociais diferentes, encontram-se no colégio e logo se tornam namorados. Ele pertence às camadas populares e é neto de Kansaye, um chefe tradicional. Ela pertence à camada dirigente da sociedade, é uma das filhas do governador e chefe militar. Juntos, em nome da liberdade de expressão, desafiam a ordem estabelecida e contestam a autoridade dos donos do poder da república nascente.

Na cidade vazia. Direção de Maria João Ganga, 2004 (Angola), 76 min.
Ambientado em Angola no ano de 1992, o filme retrata as dificuldades de um garoto de apenas 12 anos sobrevivente da guerra civil então em curso, que opunha as tropas governamentais à Unita. Através das ruas de Luanda, ele conhece diversas pessoas comuns, enquanto procura uma maneira de retornar à sua aldeia, situada na região do Bié. Disponível em: <http://www.youtube.com/watch?v=fAqmTQrEBHs&feature=related>. Acesso em: 12 dez. 2012.

Pièces d'identités (Documentos de identidade). Direção de Mweze Ngangura (República Democrática do Congo), 1998, 97 min.
O Manicongo, rei dos bakongo, decide empreender uma viagem do Congo à Bélgica para reencontrar Mwana, a filha que para lá foi enviada aos 8 anos para estudar, e com quem perdeu contato. Em sua busca, ele se depara com a incompreensão, o descaso e o preconceito da sociedade europeia e dos africanos estabelecidos na Europa, vivenciando o melhor e o pior da diáspora.

O jardim de outro homem. Direção de Sol de Carvalho, 2006 (Moçambique), 80 min.
O cotidiano de uma jovem adolescente pobre de Maputo, Moçambique, que sonha em concluir o ensino médio e ingressar no curso universitário de medicina se altera a partir do momento em que passa a ser assediada por um de seus professores. O tema central do enredo é a difusão da aids na sociedade.

REFERÊNCIAS NA WEB **189**

Totsi. **Direção de Gavin Hood (África do Sul), 2005, 94 min.**
Um marginal que habita uma comunidade miserável em Soweto precisa tomar conta de um bebê que encontrou no banco traseiro do carro que roubara de uma mulher após tê-la baleado. A situação força-o a reavaliar sua trajetória pessoal e seu modo de vida. Ganhador do Oscar de melhor filme estrangeiro, a obra põe em evidência as duras condições de vida das populações pobres da África do Sul, a delinquência juvenil e a ação das gangues de rua.

A guerra do Kuduro. **Direção de Henrique Narciso Dito (Angola), 2009, 89 min.**
Retrato impiedoso do tráfico de drogas e da luta pelo controle do submundo do crime entre as gangues de Luanda e das competições musicais de dança de rua através do ritmo dançante do kuduro. O filme inspira-se na produção brasileira *Cidade de Deus*, de Fernando Meirelles.
Disponível em: <http://www.youtube.com/watch?v=6p_IJMnSnBA&feature=related>. Acesso em: 12 dez. 2012.

Bamako. **Direção de Abderrahmane Sissako (Mali), 2005, 115 min.**
Cidadãos africanos decidem processar as instituições financeiras internacionais pelo estado de endividamento em que se encontra o continente. O julgamento se instaura no quintal de uma residência em Bamako, enquanto os demais cidadãos, indiferentes, continuam a viver em seu cotidiano. O filme foi rodado na casa do pai do cineasta, e não traz no elenco atores profissionais, com exceção de Danny Glover, que renunciou ao cachê. Os participantes do julgamento são intelectuais, juristas e militantes dos movimentos sociais de defesa dos interesses africanos.

DOCUMENTÁRIOS DISPONIBILIZADOS NA INTERNET

África: **uma história rejeitada. Escrito, produzido e dirigido por David Dugan, 1995 (EUA), 50 min.**
Abordagem histórica das antigas civilizações do Grande Zimbábue e das cidades do litoral oriental do Índico, com ampla reavaliação do prejuízo causado à pesquisa arqueológica pelos governos coloniais que procuraram negar a existência de civilizações negras na África. Disponível em: <http://www.youtube.com/watch?v=c1P884OBMIk>. Acesso em: 12 dez. 2012.

Viajando pela África com Ibn Battuta. **Direção de Jacy Lage, 2010 (Brasil), 25 min.**
A partir do relato de viagem de Ibn Battuta ao Mali em 1352-1353, o documentário reconstitui os traços da sociedade e dos costumes dos povos antigos da África Ocidental no momento de esplendor do comércio através do deserto do Saara. Foi produzido com verba da Secretaria de Educação Continuada, Alfabetização e Diversidade do Ministério da Educação (Secad-MEC), dentro do Programa Uniafro 2008.
Projeto disponível em: <http://www.bhzdesign.com.br/clientes/ibnbattuta>. Acesso em: 12 dez. 2012.
Vídeo disponível em: <http://www.youtube.com/watch?v=bsXeUZwjq-g>. Acesso em: 12 dez. 2012.

***Os mestres loucos.* Direção de Jean Rouch, 1955 (França), 27 min.**
O documentário retrata o impacto da colonização europeia no imaginário africano ao registrar as práticas rituais de uma seita religiosa integrada por trabalhadores nigerianos. No culto de possessão, os espíritos da força são personificados por figuras emblemáticas da dominação colonial: o policial, o governador, o doutor, a mulher do capitão, o general, o condutor da locomotiva. A cerimônia atinge seu ápice com o sacrifício de um cão, que é devorado pelos possuídos. Disponível em: <http://vimeo.com/5327113>. Acesso em: 12 dez. 2012.

***Angano, Angano:* contos de Madagáscar. Direção de César Paes, 1989 (Madagáscar), 63 min.**
Na língua malgaxe, *angano* significa "história". Através dos dados da tradição oral relatados por homens e mulheres mais velhos, o documentário retrata o modo de vida e as crenças dos povos de Madagáscar, desde sua independência formal em 1960 até o presente, em que enfrentam mudanças sociais decorrentes de dificuldades econômicas e da depredação ambiental.
Disponível em: <www.cine-africa.blogspot.com>. Acesso em: 12 dez. 2012.

***Atlântico negro:* na rota dos orixás. Direção de Renato Barbieri, 1998 (Brasil), 53 min.**
Através dos depoimentos de líderes religiosos, antropólogos e historiadores do Brasil e do Benin, são mostradas as mútuas correspondências entre a cultura brasileira e a cultura africana, no passado e no presente. Disponível em: <http://vimeo.com/29805845>. Acesso em: 12 dez. 2012.